新羅中代 政治史研究

국립중앙도서관 출판시도서목록(CIP)

신라중대 정치사연구 / 박해현 지음. -- 서울 : 국학자료원, 2003
 p. ;   cm

ISBN   89-541-0117-8 93900

911.036-KDC4
951.901-DDC21   CIP2003001216

新羅中代 政治史研究

朴海鉉

국학자료원

머리말

저자는 초등학교 시절 한자가 많이 섞여 있는『韓國現代史』7권(新丘文化社刊)을 밤새 읽으며 희열을 느낄 정도로 역사를 좋아했다. 역사를 통해 안목이 넓어질 때 갖는 뿌듯함 때문이었을 것이다. 역사에 대한 관심은 전남대학교 국사교육과에 진학하면서 구체화되었다.

저자가 한국고대사에 관심을 갖게 된 것은 전남대에 재직하셨던 국민대학교 김두진 선생님의 영향이 컸다. 선생님께서는 저자가 역사를 業으로 하고, 한 인간으로 성장하는데 결정적인 영향을 주셨다. 학부 2학년 겨울방학 때부터 선생님의 지도를 받으며 매일 아침 하루도 빠짐없이『삼국유사』『삼국사기』를 비롯 많은 고전들을 강독하면서 역사에 열정을 불태웠다. 原典들을 읽을 때 저자는, 왜 그러한 사실들이 기록으로 남게 되었나에 관심을 두었다. 말하자면 나타난 현상의 이면에 대한 관심을 가지려고 노력하였다.

신라 정치사에 관심을 갖게 된 것은 대학원에 진학하여 정치사를 전공하셨던 김당택 선생님의 영향과, 인간의 삶을 드러내는 정치사야말로 역사의 결정체임을 새삼 느끼면서부터였다. 정치사는 경제사나 사상사에 비해 상대적으로 연구가 미진하였고 특히 신라중대 정치사는 당시 단편적이거나 개설적인 연구 수준을 벗어나지 못하고 있었다. 중대 정치사에 대한 해명은 상대와 하대를 이해하는데 매우 중요하였으며, 구체적으로 국왕과 귀족세력, 귀족세력간의 내부 갈등 등 정치세력의 동향을 파악하여 지배세력의 실체를 이해하는데 선결과제라 생각하였다. 이러한 저자의 관심은 석사학위논문 「김춘추의 집권과정 연구」로 시작되었다. 박사과정에 들어간 저자는 중대 정치사를 하나의 큰 흐름 속에서 파악하려 했지만 능력이 부족하여 많은 시간을 허비했을 뿐 전체적인 윤곽이 만들어지지 않아 번민과 방황을 거듭하였다. 지나친 고민으로 건강을 해쳐 공부를 중단할 위기에 처하기도 하였으나 중대 정치사의 흐름을 정리해보려는 저자의 의지 앞에 병마도 물러섰다. 건강을 회복한 이후 본격적으로 신라중대 정치사를 정리하여 「신라 중대 정치세력 연구」라는 논제로 학위 논문을 마무리할 수 있었다. 이 책은 저자의 학위 논문을 바탕으로 이루어진 것으로, 새롭게 등장한 외척 세력의 동향을 중심으로 살핀 신라중대정치사에 관한 연구서인 셈이다.

저자는 연구물을 한 권의 책으로 내는 것을 무척 두려워했다. 그렇지만 비록 미흡하기는 하나 10년에 걸친 중대 정치사에 관한 연구 성과를 정리하는 것도 더 나은 도약을 위한 준비라 생각하여 용기를 내어 책으로 펴내게 되었다.

저자의 부끄러운 학문의 여정을 보여주는 이 책은 많은 분들의 도움이 있었기에 가능했다. 저자는 여태껏 수많은 선생님으로부터 사랑을 받고 자랐다. 특히 학자로서, 인간으로서 가야할 올바른 가르침을 주신 김두진, 김당택 선생님께 머리 숙여 감사드린다. 김두진 선생님께서는 전남대를 떠나신 지 20년이 넘었지만 저자에게 늘 등불이 되어주셨다. 전체적인 학문의 틀을 세워주셨고 능력이 부족한 저자를 따뜻이 감싸 안아 학문의 길을 계속할 수 있도록 힘을 주셨다. 학위 논문도 여러 차례 꼼꼼히 검토해주시는 등 저자가 힘들어할 때마다 버팀목이 되어 주셨다. 엄격하면서도 인자하신 김당택 선생님께서는 대학원 시절 선생님 연구실에서 공부할 수 있도록 배려해주셨고, 연이은 연구와 강의, 이 책의 출간에 이르기까지 많은 은혜를 베푸셨다. 선생님의 기대에 부응하지 못해 늘 송구할 따름이다. 저자는 지금도 힘들 때면 두 분 선생님을 떠올리며 흐트러진 자세를 바로잡곤 한다. 또한 저자의 단점을 한없이 감싸주셨던 송정현 선생님, 늘 따뜻한 미소로 사회학 원서를 빌려주시며 문헌사학의 한계를 극복할 것을 강조하셨던 전형택 선생님, 학부시절 첫 레포트를 꼼꼼히 지적해주시며 저자에게 많은 가르침을 주신 김동수 선생님, 대학원 시절 거친 졸문을 읽어주시며 가르침을 주신 윤희면 선생님도 저자는 결코 잊을 수 없다. 학부시절 학문의 엄격함을 보여주시며 저자에게 채찍을 아끼지 않으셨던 홍승기 선생님께서는 학위 논문을 여러 차례 읽으시고 저자의 부족함을 채워주셨다. 그리고 저자의 학회 논문 발표를 뒷바라지 해주시고 저자의 학문이 무르익기를 바라셨던 이강래 선생님의 學恩은 말로 표현할 수 없다. 그리고 저자를 따뜻이 대해주신 박만규·이영효 선생님과 사학과의 여러 선생님들께 감사드린다. 학문에 더욱 정진하는 것만이 선생님들께서 저자에게 베푼 은혜에 대한 보답이라 생각한다. 못난 아들의 건강을 노심초사하는 부모님께 죄송스런 마음 아울러 전하고 싶다. 출판을 맡아주시고 편집·교정을 위해 힘써 주신 국학자료원의 여러분께 감사드린다.

2003. 3.   著 者

차 례

· 머리말

서 론

1. 연구사 검토

김부식은 『삼국사기』에서 신라사를 上代 · 中代 · 下代의 三代로 구분
하였는데,[1] 이 구분은 물론 王統의 변화를 기저로 하고 있는 것으로 보인
다. 이를테면 聖骨에서 眞骨로의 변화, 武烈系에서 奈勿系로의 변화를 일
컫는 것으로 여겨진다.[2] 그러나 삼대의 관념은 『삼국사기』 저술 당시에 형
성된 것이 아니라 당시대인의 것이었다고 본다. 따라서 삼대의 의미는 왕통
만이 아닌 정치, 경제, 사회, 사상의 여러 면에서 나타난 변화를 뜻하는 것
이라고 생각된다. 이 가운데 중대는 신라가 삼국 항쟁을 마무리하고, 성골
대신에 새로이 무열계가 진골 출신으로서 왕위를 내내 독점하였던 시대로
써 신라사를 살피는 데 가장 중요한 시기라고 할 수 있다.

---

1) 『삼국사기』에 의하면 당시 國人들이 신라를 三分하였는데, 무열왕 이전까지를 上代, 이
   후 혜공왕대까지를 中代, 그리고 宣德王代부터 경순왕까지를 下代라 하였다 한다. 『삼
   국사기』12, 경순왕 12년.
2) 상대 마지막 왕인 진덕왕은 성골의 마지막 왕이었으며, 그 다음 무열왕부터 마지막 왕인
   경순왕까지는 성골이 왕위에 있었다. 『삼국사기』5, 진덕여왕 8년. 또한 무열왕 이후 혜공
   왕대 까지 무열왕 후계들이 왕위를 계승하였는데, 선덕왕과 원성왕대에 이르러서는 내물
   계가 왕위를 계승하였다. 『삼국사기』9, 선덕왕 즉위년 및 『삼국사기』10, 원성왕 즉위년.

중대에 대한 관심은 여러 면에서 가질 수 있으나 특히 정치사에 대한 관심은 그것이 경제, 사회, 사상의 여러 면에 영향을 미친다는 점에서 신라사를 해명하는 데 매우 중요하다고 생각한다. 따라서 중대 정치사를 해명하려는 노력은 일찍부터 있었다.[3] 그것은 일찍이 이기백이 중대말의 정치적 변혁에 관심을 보인 이래 중대말의 정치적 변화에 대한 본격적인 연구로 이어졌고,[4] 상대등과 집사부 등의 권력 기구까지 해명하고자 하는 노력도 계속되었다.[5] 이들의 연구는 중대의 정치적 성격을 밝히는 데 모아졌는데, 화백회의를 중심으로 전개된 상대의 귀족연합 정치가 무너지고 집사부를 중심으로 국왕에게 집중된 전제왕권이[6] 형성된 시대라는 이기백의 견해가 대체적인 시각을 이루었다.[7] 이를 바탕으로 경제,[8] 사상사[9]의 연구도 본격적

---

3) 중대 정치사에 대한 연구는 이기백에 의해 선도되었다고 해도 과언이 아니다. 「新羅惠恭王代의 政治的 變革」『社會科學』2, 1958;『新羅政治社會史硏究』, 一潮閣, 1974.

4) 중대말의 정치적 변혁을 살핀 연구는 다음과 같다.

李基白, 「景德王과 斷俗寺·怨歌」『新羅政治社會史硏究』, 1974.

井上秀雄, 「新羅政治體制の變遷過程」『新羅史基礎硏究』, 1974.

李昊榮, 「聖德大王神鐘의 이해에 관한 몇 가지 문제」『考古美術』125, 1975.

金壽泰, 「統一 新羅期 專制王權의 崩壞와 金邕」『歷史學報』99·100합, 1983.

李泳鎬, 「新羅 惠恭王代 政變의 새로운 해석」『歷史敎育論集』13·14합, 1990.

李泳鎬, 「惠恭王12년 官號 復故의 意味」『大邱史學』39, 1990.

5) 정치기구에 대한 연구로는

李基白, 「上大等考」『新羅政治社會史 硏究』, 1974.

李基白, 「新羅 執事部의 成立」, 위의 책.

井上秀雄, 「三國史記における 新羅の中央行政官制について」『新羅史基礎硏究』, 1974.

木村誠, 「新羅の宰相制度」『東京道立大人文學報』118, 1977.

李基東, 「新羅中代 骨品制와 官僚制」『新羅 骨品制社會와 花郎徒』, 一潮閣, 1984. 등이 있다.

6) 중대 전제정치의 개념에 대해서는 이기백의 다음의 논고가 참고된다. 「統一新羅時代의 專制政治」『韓國史上의 政治形態』, 一潮閣, 1993.

7) 이기백의 이러한 이해는 「신라 혜공왕대의 정치적 변혁」을 발표한 이후 그의 신라사 연구를 통하여 일관되게 주장된 것이다. 즉, 그는 신라사를 貴族聯合에서 專制主義로, 그리고 다시 貴族聯立으로 전환하였다고 보았던 것이다. 나아가 그는 중대 전제왕권의

으로 진행되었다. 그런데 위의 견해는 상대등과 중시 등 권력 기구의 분석과 특히 중대말의 정치적 변혁에 대한 검토에서 나온 것으로 매우 정교한 이론 전개지만, 중대 전반을 포괄적으로 다루지 않았을 뿐 아니라 정치세력 간의 각축을 치밀하게 살피지 않았다는 한계가 지적된다.

한편 최근 들어 신라 중대 정치사를 보는 시각 및 방법론에 변화가 있었다. 먼저 중대에 전제왕권이 확립되었다라는 위의 견해에 대한 비판이 제기되기도 하였다. 즉, 중대에는 화백회의 대신 새로이 성립된 고위 진골귀족 중심의 군신회의체를 중심으로 정치가 전개되어 전제정치가 구현되기가 어려웠다는 것이다. 이를테면 중대의 정치 형태는 진골귀족 중심의 지배체제를 기본으로 한 진골귀족과, 집사부와 시위부를 중심으로 전제정치를 시도한 국왕 사이에 갈등과 대립이 반복되었다는 것이다.[10) 이 견해는 그동안 통설화된, 중대에 전제정치가 확립되었다는 견해에서 진일보한 것으로 여

특징으로 김씨 왕족의 족내혼, 장자 상속, 태자 책봉, 중국식 묘호의 사용을 들었다. 「통일신라와 발해의 사회」, 『韓國史講座』(古代篇), 1982. pp.310-313. 이제까지 대체로 그의 견해가 받아 들여졌지만 최근 전제왕권의 성립시기나 용어를 둘러싸고 논란이 제기되고 있다. 다음의 연구가 참고된다.

李晶淑, 「新羅 眞平王代의 政治的 性格」, 『韓國史研究』52, 1986.
李泳鎬, 「新羅 惠恭王12년 관호 복고의 의미」, 『大邱史學』39, 1990.
申瀅植, 「新羅中代 專制王權의 展開過程」, 『統一新羅史 研究』, 三知院, 1990.
한편 김수태는 이기백의 견해를 따르고 있다. 「新羅中代 專制王權과 眞骨貴族」, 서강대 박사학위논문, 1990.

8) 주로 녹읍과 관료전에 대한 연구를 통하여 이루어졌다.
9) 사상사에 대해서는
李基白, 『新羅 思想史 研究』, 一潮閣, 1986.
金相鉉, 『新羅 華嚴思想史 研究』, 民族社, 1991.
金福順, 『新羅 華嚴宗 研究』, 民族社, 1990.
金英美, 『新羅 佛教思想史 研究』, 民族社, 1994.
金杜珍, 『義湘』-그의 생애와 화엄사상-, 민음사, 1995. 등이 있다.
10) 李仁哲, 「新羅 中代의 政治形態」, 『韓國學報』77, 1994.

겨진다. 하지만 이 견해는 제도사를 중심으로 살펴었을 뿐 실제 국왕과 진 골귀족 세력의 구체적인 대립, 갈등을 설명하지 않았다는 약점이 지적된다. 다음으로 그동안 소홀히 다루어졌던 정치세력간의 각축을 포함한 중대 정 치사 전반을 포괄하는 연구가 이루어졌다. 즉, 김수태에 의해 중대 정치사 전반을 진골귀족 세력과 왕권의 대립, 갈등의 문제에 초점을 맞추어 체계적 으로 이해한 연구가 이루어져 그동안 제도사 중심으로 전개되었던 연구의 한계를 극복하고, 단편적인 언급에 그치거나 개설적인 수준에 머물렀던 중 대 정치사의 수준을 한 단계 높여 주었다.[11] 이밖에도 중대 정치사를 다룬 연구는 상당하나 개설적이거나 간단한 언급에 그치고 있는 실정이다.

이상의 연구들이 중대 정치사를 이해하는 데 많은 도움을 준 것은 부인 할 수 없다. 하지만 아직 남겨진 문제도 적지 않다. 우선 중대 정치 세력에 대한 체계적인 이해가 부족하였다고 본다. 진골귀족을 단지 왕과 대칭되는 존재로만 인식하였을 뿐, 정국의 주도권을 둘러싼 진골귀족 세력간의 갈등 측면은 제대로 보지 못했다고 본다.[12] 이 과정에서 성덕왕 이후 중요한 정 치세력이라고 믿어지는 외척에 대해 충분한 검토가 이루어지지 못했다.[13] 다음으로 중대에 전제왕권이 확립되었다는 견해도 재검토의 여지가 있다. 앞서 언급된 것처럼 제도사적인 접근을 통한 중대 전제정치에 대한 반론이

---

11) 金壽泰, 앞의 논문.
12) 물론 김수태의 체계적인 연구가 없는 것은 아니다. 하지만 진골귀족 세력간의 갈등을 포함한 정치 세력의 움직임 등이 보다 자세히 살펴져야 한다고 생각한다. 아울러 중대 정치사를 보는 시각에서도 필자는 그와 견해를 달리하고 있는 부분이 상당하다.
13) 外戚에 대해서는 다음의 논문에서 간단히 언급되고 있을 따름이다.
   浜田耕策,「新羅の聖德王代神鐘と中代の王室」『响沫集』3, 1980.
   金壽泰,「新羅 聖德王·孝成王代 金順元의 정치적 활동」『東亞研究』3, 1983.
   申瀅植, 앞의 책.
   한편 외척 세력의 등장을 본격적으로 다룬 것은 졸고,「新羅 孝成王代 政治勢力의 推移」『歷史學研究』12, 1993.가 있다.

있긴 하지만 구체적인 설명이 뒤따르지 못한 느낌이다. 실제 중대 정치사를 보면 끊임없는 왕권 강화와 그것에 대한 귀족 세력의 반발 그리고 빈번한 왕비의 출궁 등이 나타나는데 이는 결코 중대에 전제 왕권이 안정적으로 확립되었다고 보기 어렵게 한다. 더욱이 성덕왕대에 안정된 왕권이 효성왕 대에 갑작스러이 혼란에 빠지는데 이러한 왕권의 추이도 중대의 전제왕권 형성을 의심하게 한다.14) 다음으로 중대에는 국왕의 즉위 과정이 외견상은 큰 문제가 없는 듯하나 실제 복잡한 갈등 구조를 지니고 있다. 따라서 이 문제에 대한 검토는 정치 세력의 실체는 물론이거니와 왕권의 향방을 살피는 데 중요하다고 생각되나 거의 간과되어 왔다.15) 마지막으로 그간의 대부분의 연구가 표면에 나타난 현상에만 주목하였을 뿐 그 배경에 대한 검토를 소홀히 하였다고 생각된다. 가령 신문왕이 왕권 강화를 하였다면 그것의 배경과 결과에 대한 설명을 해야 할것이나 이루어지지 않고 있다. 결국 기존의 성과만으로는 중대 정치사를 바로 보기 어렵다고 생각한다.

2. 연구 방향

필자는 앞에서 제기된 문제들을 유의하면서 중대 정치 세력의 동향을 중심으로 중대 정치사에 대한 접근을 시도하고자 한다. 즉, 이 연구를 통해

---

14) 졸고, 앞의 논문.
15) 이에 대해서는 김수태의 연구가 있으나 소략할 뿐더러 재검토의 여지가 있다. 앞의 논문. 신종원은『삼국유사』의 오대산 설화를 분석하여 왕위계승을 둘러싼 왕자들의 갈등으로 성덕왕의 즉위 과정을 살피었다.「新羅 五臺山 事蹟과 聖德王의 卽位背景」『崔永禧先生華甲紀念 韓國史學論叢』, 探究堂, 1987; 新羅初期佛教史研究, 고려대 박사학위 논문, 1988. 한편 필자는 효성왕의 즉위과정을 주목한 바 있다. 앞의 논문)

중대 왕권이 지향하는 바는 무엇이었으며, 그 과정에서 나타난 정치세력의 동향은 어떠하였는가를 파악함으로써 궁극적으로 중대 정치사가 갖는 의미를 밝혀 보고자 하는 것이다. 이를 위해 다음의 몇 가지 점에 유념하고자 한다. 우선 중대 전기간에 나타나는 인물들을 철저히 분석함으로써 생동하는 정치사의 전개 과정을 이해하고자 한다. 또한 왕실과 외척 세력 및 귀족 세력간의 정치적 역학 관계를 집중 검토하려 한다.[16] 아울러 중대 왕들의 즉위 과정과 혼인 문제 등을 당시 정치 세력의 동향과 관련지어 살피고자 한다. 한편 필자는 이러한 작업을 하면서『삼국사기』와『삼국유사』의 기록을 종합적으로 분석하여 개별 기록 사이의 연결고리를 발견하도록 문헌에 대한 연구를 심화함과 동시에『신당서』『구당서』등 중국측 문헌은 물론『일본서기』『속일본기』등의 일본 문헌도 함께 살필 것이다. 아울러 그 동안 소홀하게 취급된 사료들에 대해서는 사료의 형성 배경에 대한 이해를 깊게 하며 보다 적극적으로 해석하여 그 의미를 찾으려고 한다.[17]

이러한 접근 방향에서 진행될 본 연구는 다음과 같이 서술될 것이다.

---

16) 극도로 지배세력의 범위가 좁고 근친혼이 행해지는 고대 사회에서 왕족, 귀족, 외척을 구분하는 것이 결코 쉬운 일은 아니다. 다만 본고에서 다루려는 외척은 왕비족과 관련된 문제로 국한하여 살펴보고자 한다. 본문에서 다룰 김순원, 김순정의 경우 왕실과 이중으로 혼인 관계를 맺은 것으로 보아 외척으로 보아도 잘못은 아니라 생각한다. 한편, 외척은 국왕이 역량을 갖추었을 때는 가장 가까이에서 왕을 도와 국왕권 안정에 기여할 수 있는 반면, 국왕이 유약할 경우에는 정권을 오로지 하면서 국왕권을 제약할 수도 있는 이중적 속성을 지녔다. 따라서 외척에 대한 검토는 이 점을 유념해야 할 듯 싶다.

17) 가령『삼국유사』3, '溟洲五臺山寶叱徒太子傳記'의 경우『삼국사기』와 맞지 않아 부정하고 있지만(李基白,「浮石寺와 太白山」『三佛金元龍博士 停年紀念論叢』1987 및 金壽泰, 앞의 논문.) 설화의 형성은 반드시 과학적으로 설명되는 것이 아니라고 본다. 말하자면 그 설화에서 당시의 가능한 모습을 추구하는 것 자체가 중요한 것이 아닌가 한다. 신종원은 이 설화를 적극적으로 이해하여 성덕왕의 즉위 과정을 설명한 것이라고 하였다. 辛鍾元, 앞의 논문.

먼저 중대 왕권의 성립 과정과 신문왕의 왕권 강화 과정을 알아보고자한다. 이를 위해 사륜계에 의해 시작된 중대 왕권을 마련하려는 노력이 어떻게 문무왕대를 거쳐 신문왕대에 완성되었는가를 알아보고, 이에 대한 귀족들의 움직임은 어떠한 것이었는가를 알아보고자 한다.

이어 효소왕대 귀족 세력의 동향과 왕권의 향방을 밝히려 한다. 이를 위해 만파식적의 분실이 갖는 의미를 중심으로 효소왕대 정국을 살펴보고, 당시 귀족 세력의 동향을 파악하고자 한다. 동시에 효소왕과 성덕왕의 出自문제를 검토함으로써 성덕왕의 즉위 배경도 이해하여 보고자 한다.

아울러 성덕·효성왕대에 귀족 세력들이 정국의 주도권을 잡기 위해 각축하는 과정에서 외척들의 등장을 살피고자 한다. 이 작업은 먼저 왕비족을 둘러싸고 전개되는 정치 세력의 각축, 그리고 그것을 이용하여 왕권을 강화하는 노력을 같이 살피게 될 것이다. 나아가 정치 세력간의 각축에서 힘의 균형이 무너지면서 왕권이 위축되고 외적이 대두함을 동시에 검토하게 될것이다.

또한 경덕왕대 외척 세력의 성장과 그것에 따른 왕권의 동요를 알아 보고자 한다. 이를 위해 외척이 경덕왕의 즉위 과정에 중요한 역할을 하였음을 확인하고자 한다. 아울러 경덕왕이 외척 세력의 견제를 벗어나기 위해왕권을 강화하는 노력을 검토하고자 한다.

마지막으로 혜공왕대 귀족 세력들의 각축과 그 과정에서 중대 질서가 해체되어 가는 과정을 함께 알아보고자 한다. 이를 위해 우선 혜공왕 때 외척세력의 힘을 태후의 섭정과 관련하여 이해하고, 소수 귀족 중심의 정국 전개에 불만을 품은 귀족 세력들의 동향을 검토하고자 한다. 아울러 외척 세력이 무너지고 귀족 세력이 각축하는 과정에서 중대 질서가 종말을 고하게됨을 밝히고자 한다.

이러한 작업을 하는 데 있어 필자 역시 특별한 연구 방법이나 새로운 자료의 발굴을 통해 추진된 것은 아니어서 근본적인 한계가 드러난다. 그러나 같은 사료라 하더라도 시각을 달리하여 새로운 해석을 시도하고, 신라사에 대한 또 다른 관점을 가지고 접근한다면 기존의 한계를 어느 정도는 극복할 수 있으리라 믿는다. 다만, 필자의 연구가 정치 세력의 동향을 중심으로 한 정치사에 국한된 나머지 제도사, 경제사, 사상사 등의 연구 성과와 유기적으로 조화되지 않은 점은 부담으로 느껴진다. 이 문제는 후일 재론의 기회를 갖고자 한다.

제1장 中代 왕권의 성립과 神文王의 왕권 강화

武烈王으로 시작된 새로운 중대 질서는, 神文王대에 이르러 성립되었다고 일찍부터 제시되었지만 대부분 단편적인 언급에 그치고 있었을 뿐[1], 체계적인 작업은 거의 이루어지지 않았다. 다행히 최근에 본격적인 연구가 시도되어 당시의 사정을 자세히 살펴볼 수 있게 되었다.[2] 그러나 아직 모든 문제가 풀렸다고 보기는 어렵다.

우선, 무열왕대에 성립되기 시작한 중대 질서가 文武王을 거쳐 신문왕대에 어떻게 성립되어갔는가에 대한 분석이 구체적으로 이루어지지 않았다는 점을 지적할 수 있다. 또한 문무왕대의 정국 전개와 신문왕의 왕권 강화가 연계되어 있을 것 같으나 이에 대한 검토가 부족하였다. 아울러 당시 정국을 왕권과 귀족간의 대립 차원에서만 접근하였을 뿐 귀족 세력간의 역학

---

1) 당시의 정치사를 살피는 데는 다음의 논고가 참고된다.
   井上秀雄, 「新羅政治體制の變遷過程」 『新羅史基礎研究』, 1974.
   李基白, 「統一新羅와 渤海의 社會」 『韓國史講座』(古代篇), 一潮閣, 1982.
   申瀅植, 「新羅中代 專制王權의 展開過程」 『統一新羅史研究』, 三知院, 1990.
   朱甫暾, 「南北國時代의 支配體制와 政治」 『한국사』3, 한길사, 1994.
2) 金壽泰, 「新羅中代 專制王權과 眞骨貴族」, 서강대 박사학위 논문, 1990 및 申瀅植, 위의 논문.

관계 등을 충분히 살피지 않았다고 본다. 그리고 신문왕의 왕권 강화의 결과에 대한 설명 역시 부족하다. 따라서 중대 왕권 성립기의 정치 상황에 대한 검토가 필요하다고 본다.

이에 필자는 먼저 무열왕의 권력 장악 과정을 검토하고자 한다. 이 작업은 중대 왕권의 성격을 알게 할 것이다. 다음으로 문무왕대 귀족 세력의 갈등을 살펴봄으로써 당시 왕권의 위치를 찾아보고자 한다. 이것은 지배 세력의 각축이 왕권에 미친 영향을 알게 하며 나아가 신문왕의 왕권강화의 배경도 이해하게 될 것이다. 마지막으로 신문왕의 왕권 강화의 내용을 알아보고 이것이 당시 지배 세력에게는 어떻게 받아들여졌는가를 아울러 생각해 보겠다.

1. 武烈系의 권력 장악

金春秋는 진지왕의 손자로 진평왕때 內省私臣을 역임한 김용춘의 아들이다.[3] 김용춘이 내성사신으로 기용된 것은 그의 父인 진지왕이 폐출되었지만 왕권을 안정시키려는 銅輪系 곧 진평왕의 배려에 의해서였다고 본다.[4] 김용춘은 진평왕의 측근으로, 진평왕 후반부의 왕권 강화에 기여하면서 세력 기반을 구축해갔던 것 같다. 이때 그는 가야 왕족인 김서현 곧 김유신의 父와 결합하고 있었다. 이들의 결합은 김춘추와 김유신 누이의 혼

---

3) 『삼국사기』4, 진평왕 44년 및 『삼국사기』5, 무열왕 즉위년.
4) 졸고, 「新羅 眞平王代 政治勢力의 推移」『全南史學』2, 1998, pp.13-14 및 李晶淑, 「新羅 眞平王代의 王權 硏究」, 이화여대 박사학위논문, 1995, p.45.

인에서 알 수 있는데 대체로 진평왕 48년 이전의 일로 생각된다.[5] 김서현은 진평왕 51년에 있었던 고구려와의 낭비성 전투에 김용춘과 함께 출전하였는데, 그의 아들인 김유신이 이 전투에서 큰 공을 세운 바 있다.[6] 이는 김유신 세력이 성장하게 되는 결정적인 계기가 되었으며 김용춘 세력의 성장에도 큰 도움이 되었다고 본다.

따라서 김용춘의 舍輪系는 점차 독자적인 힘을 갖게 되었다고 보며, 이는 김춘추의 본격적인 정국 주도로 나타났다. 김춘추가 처음 두각을 나타낸 것은 선덕왕 11년에 고구려에 청병사로 갔을 때였다.[7] 김춘추가 고구려에 간 것은 백제의 공격을 외교적으로 타개하기 위해서였다. 청병의 계기가 된 대야성 전투에서의 김춘추 딸과 사위의 죽음은[8] 김춘추 세력에게는 커다란 타격이었다. 이 위기를 김춘추는 청병 외교로 해결하고자 하였던 것이다. 이는 연개소문의 반대로 성공하지 못했지만 이 과정에서 김유신과의 결합은 더욱 공고해졌다.[9] 이들은 선덕·진덕왕과 연계되어 권력 기반을 강화하고 있었다.

이처럼 동륜계인 왕권이 舍輪系와 연결된 것은 기본적으로 凡진흥계의 결속 의식에서 비롯되었다.[10] 그러나 김춘추의 사륜계는 이를 이용하여 정치력을 키워갔고 다른 귀족 세력을 누르며 정국 주도권을 장악하여 갔다.

---

5) 『삼국사기』41. 김유신전에는 양자의 혼인이 선덕왕대에 이루어진 것으로 되어 있지만 양자 사이에 태어난 문무왕의 연령을 보면 늦어도 진평왕 48년 이전의 일로 보인다. 朱甫暾, 「毗曇의 亂과 善德王代 政治運營」『李基白先生古稀紀念韓國史學論叢』, 1994, p.213.
6) 『삼국사기』4, 진평왕 51년 및 같은 책 41, 김유신전 (상).
7) 『삼국사기』 5, 선덕왕 11년.
8) 『삼국사기』5, 선덕왕 11년.
9) 申瀅植, 「金庾信 家門의 成立과 活動」『韓國古代史의 新研究』, 一潮閣, 1984, p.250.
10) 李晶淑, 앞의 논문, p.45.

이는 다른 귀족 세력의 반발을 야기하였는데, 선덕왕 말 毗曇, 廉宗의 亂이 바로 그것이다.[11] 이 난의 표면적인 이유는 '女主不能善理'였지만 김춘추 세력이 왕권을 등에 업고 권력을 장악한 것에 대한 불만 때문이었다.[12]

비담의 난을 김유신의 도움으로 진압한 김춘추는 진덕왕을 보필하여 본격적으로 체제 정비를 시도하였다. 먼저 관부들을 신설하거나 재정비하였는데, 일반 행정을 총괄하는 執事部와 율령 체제 확립에 있어 중요한 기능을 하는 左理方府를 신설하였다.[13] 그리고 진평왕 46년에 만들어진 侍衛府의 조직을 재정비하였다.[14] 집사부는 왕정의 기밀 사무를, 좌리방부는 형률사무를, 시위부는 왕궁의 경비를 담당하는 부서들로써, 왕권 강화에 중요한 역할을 담당했다. 이를 통해 김춘추는 권력을 장악하여갔다고 본다.

또한 김춘추는 적극적인 친당 정책을 추진하였다. 당의 연호를 채택한데[15] 이어 김춘추 자신이 직접 당을 방문하여 당의 의관제를 수용하였을 뿐 아니라[16] 진덕왕이 지은 太平頌을 당에 보내었다.[17] 이러한 친당 외교는 적극적인 한화정책의 표시로 당의 도움을 얻어 여·제 양국의 위협을 벗어나기 위해 전개되었으며 대내적으로는 반대 세력을 제압하려는 의도가 있었다고 여겨진다.[18] 이를테면 선덕왕 말년의 비담의 난도 당에서 '女主不能善理'라 하여 선덕왕을 否認한 듯한 표현을 함으로써 은근히 신라의

---

11) 『삼국사기』5, 선덕왕 16년.
12) 鄭容淑, 「新羅 善德王代의 政局動向과 毗曇의 亂」『李基白先生古稀紀念韓國史學論叢』, 1994, pp.264-265 및 朱甫暾, 앞의 논문, pp.214-215.
13) 執事部는 진덕왕 5년에, 左理方府는 6년에 설치되었다.
14) 시위부는 진덕왕 5년에 정비되었다.
15) 진덕왕 원년에 '太和'라는 당의 연호를 채용하였다.
16) 『삼국사기』5, 진덕왕 2년.
17) 『삼국사기』5, 진덕왕 4년.
18) 朱甫暾, 앞의 논문 「南北國時代의 支配體制와 政治」, 1994, p.288.

귀족 세력을 부추긴 측면이 있었던 것이다. 따라서 김춘추 등은 당과의 외교를 장악함으로써 반대 세력이 당과 연결되는 것을 차단하고자 하였을 것이다.

그들은 對唐외교뿐 아니라 한편으로는 대일 외교도 추진하였다.

> 新羅에서 上臣 대아찬 金春秋가 博士 小德高向, 黑麻呂, 小山中, 中臣 連押熊에게 孔雀, 鸚鵡 각 한쌍을 보내오고 春秋가 인질로 왔다.(『日本書紀』25, 孝德天王 大化 3년 是歲; 眞德王 원년)

김춘추가 진덕왕 원년에 일본에 인질로 건너갔다는 내용으로, 이 기록을 부인하는 견해도 있지만,[19] 김춘추가 일본에 갔다는 것은 분명해 보인다. 물론 위의 기록처럼 김춘추가 인질로 간 것은 아니었다고 생각된다. 이에 대해 김춘추의 渡日 기사를 분석하여, 김춘추의 도일은 당과 일본을 연결시키려는 외교적인 노력에서 나온 것이라는 견해가 있는데[20] 수긍된다. 왜냐하면 당시 신라는 백제와 가까이 지내던 일본을 당과 연결시킴으로써 당-신라-일본으로 이어지는 외교 관계를 구축하여 백제를 견제하려 했을 것으로 충분히 이해되기 때문이다.

한편 진덕왕이 후사 없이 죽자 후계 논의가 지배 세력 내부에서 있었던 듯하다.

---

19) 三池賢一은 이 기사를 허구로 보았다. 그는 김춘추가 진덕왕 2년에 당에 들어가고 있어 진덕왕 원년의 渡日 사실이 시간적으로 맞지 않는다고 하였다. 「金春秋小傳」『古代の朝鮮』, 1974, p.113. 그러나 末松保和는 신라가 백제와의 항쟁으로 인한 어려움을 타개하기 위하여 일본에 건너왔다고 하였다. 『任那興亡史』; 三池賢一, 위의 논문, p.113에서 재인용.

20) 金鉉球, 「日唐關係의 成立과 羅日同盟」『金俊燁敎授回甲紀念中國學論叢』, 1983, pp.564-565.

眞德女王이 죽자 군신들이 閼川 이찬에게 攝政을 청하였으나 閼川이
한사코 사양하며 가로되 "臣은 이미 늙고 덕행이 없을 뿐더러 지금 德望
이 높기는 春秋公 같은 이가 없으니 가히 濟世英傑이라 할 수 있다."
하니 드디어 받들어 王으로 삼으려 하니 春秋가 세 번 사양하다 부득이
왕이 되었다.(『三國史記』5, 太宗 즉위년)

　　이에 의하면 군신으로 대표되는 귀족 세력들은 당시 상대등인 알천을 왕
으로 추대하고자 하였지만 알천이 김춘추에게 왕위를 양보했다는 것이다.
알천은 귀족 세력을 대표하는 상대등에 있었지만, 그는 기본적으로 김춘추
측에 속한 원로서 반대 귀족 세력으로부터도 거부감이 없었던 인물로 여
겨진다. 그런데 진덕왕이 죽었을 때 김춘추가 왕이 되기에는 현실적으로
어려움이 있었다고 생각된다. 그것은 김춘추가 폐출된 진지왕의 손자로서
다른 귀족 세력 및 동륜계 귀족들의 반대가 있었기 때문이 아니었을까 한
다. 이에 김춘추측은 다른 귀족 세력들과 관계가 원만한 김알천에게 섭정하
도록 한 후 왕권을 장악하려고 한 것으로 본다. 그리고 김알천이 강력히
김춘추에게 왕위를 권하자 김춘추는 사양을 하다가, 결국 왕위를 계승하는
형식을 취한 것이 아닌가 한다.
　　김춘추의 왕위 계승은 두 가지 면에서 의미가 있다고 본다. 하나는 그가
동륜계가 아닌 사륜계로서 왕위를 계승한 것은 동륜계와의 권력 투쟁에서
마침내 승리하였다는 것이며, 또한 진덕왕 때 그가 중심이 되어 추진한 왕
권 강화의 결과로서 왕위를 계승하였다는 점에서 귀족 세력에 대한 왕권과
의 승리를 뜻하는 것이었다.
　　귀족 세력과의 정쟁에서 승리하면서 왕위에 오른 김춘추는 김유신과의
결속을 더욱 돈독히 하는 한편,[21] 친당정책을 계속 추진하여 정권을 안정
시켜갔다. 그는 장자인 법민을 즉위년에 병부령으로 임명한 데 이어,[22] 2년

에는 문왕 등 여러 아들들에게 고위 관등을 제수하였고,[23] 더욱 5년에는 문왕을 중시에 임명하기도 하였다.[24] 이처럼 병부령과 중시와 같은 중요한 직책을 자신의 아들들에게 맡겼다는 것은 무열왕이 측근 세력을 중심으로 새로운 지배 체제를 구축하려 했음을 알 수 있다.[25] 법민을 재위 2년에 태자에 책봉한 것도 같은 맥락에서 이해된다. 아울러 김유신을 상대등으로 임명하였는데,[26] 이는 귀족 세력에 대해서도 본격적으로 영향력을 행사하려는 것으로 여겨진다. 또한 김춘추는 즉위 직후 당의 永徽 율령을 모방하여 이방부의 格 60여 조를 정리하도록 하는 조치를 취하였는데 왕권 확립과 관련하여 주목된다 하겠다.[27]

그러나 무열왕이 이러한 왕권 강화 작업을 추진하는 데 있어 반대 귀족 세력들의 존재를 무시할 수는 없었다. 그것은 무열왕이 眞珠를 병부령에 임명한 것으로 주목된다.[28] 후술되지만 진주는 왕당파라기보다는 귀족적 성격을 갖고 있던 인물이었다. 이러한 인물을 병부령에 임명한 것은 귀족 세력에 대한 무마 차원에서 나왔다고 여겨진다.[29] 무열왕 6년에 병부령이 1인 증원되어 병부령이 모두 3인이 되었다.[30] 그 증원된 자리에 분명치 않

---

21) 무열왕은 왕녀인 智炤夫人을 김유신에게 출가시켰다. 『삼국사기』5, 무열왕 5년.
22) 『삼국사기』6, 문무왕 즉위년.
23) 무열왕은 2년에 장자인 법민을 태자로, 문왕은 이찬, 노단은 해찬, 인태는 각찬, 지경은 이찬으로 삼았는데 그의 소생들이다.
24) 『삼국사기』5, 무열왕 5년.
25) 朱甫暾, 앞의 논문, p.290.
26) 『삼국사기』5, 무열왕 7년.
27) 朱甫暾, 앞의 논문, p.290.
28) 『삼국사기』5, 무열왕 6년.
29) 朱甫暾, 앞의 논문, p.291.
30) 병부령은 법흥왕 3년에 처음 두어진 이래 진흥왕 5년과 무열왕 6년에 각각 1인을 增置하였다.

지만 진주가 임명되었을 가능성이 있다고 본다. 그러나 다른 병부령에는 국왕과 가까운 인물을 임명하여[31] 귀족 세력이 병권을 장악하는 것을 견제하였다. 동시에 무열왕은 당의 도움을 받아 백제와의 전쟁을 일으켰는데, 이는 전쟁을 통해 그의 즉위 및 권력 강화에 불만을 가진 귀족 세력의 관심을 밖으로 돌리기 위한 측면이 있었을 것이다.

한편 문무왕은 고구려와의 전쟁을 통해 반대 세력에 대한 보다 적극적인 숙청을 시도하였는데, 이는 무열계가 전쟁을 그들의 정권 유지에 이용하였다는 것을 알게 한다. 다음을 보자.

> 大幢摠管 眞珠와 南川州 摠管 眞欽이 거짓 병이라 일컫고 한가히 놀
> 며 국사에 마음을 쓰지 않으므로 드디어 그들을 죽이고 그 일족까지 멸
> 하였다.(『三國史記』6, 文武王2년 8월)

대당총관 진주와 진흠이 국사를 소홀히 하므로 그들을 처형했다는 것이다. 그런데 진주의 경우 무열왕 6년에 귀족 세력 회유 차원에서 병부령에 임명되었던 인물이고,[32] 게다가 당시는 신라가 당과 연합하여 고구려와의 싸움에 힘을 기울이던 때인데 게으르다는 이유로 그들을 일족까지 주멸하였다는 것은 의문스럽다. 국사를 소홀히 했다는 것은 표면적인 이유이고, 또 다른 의도가 있었을 것이다. 여기서 비정상적으로 권력을 장악한 김춘추 일파가 반발 세력의 관심을 밖으로 돌리기 위해 전쟁을 일으켰다는 견해가

---

31) 이때 무열왕 즉위년에 병부령이 되었던 법민이 주목되는데, 그가 무열왕 2년에 태자가 된 이후에도 병부령을 겸하고 있었을 가능성이 있다. 朱甫暾, 앞의 논문, p.291의 주 14. 따라서 비록 진주를 회유 차원에서 병부령에 임명하였지만 귀족들의 불만은 수그러지지 않았다고 본다.

32) 진주는 문무왕 원년에 김인문, 김흠돌과 더불어 대당총관이 되어 對고구려전쟁에 출전하였으며, 진흠은 하주 총관으로 출전하였다.

있는데 이 점은 시사하는 바가 크다.[33] 아울러 이 과정에서 김춘추 일파는
정국 운영에 저해되는 인물들을 패전의 책임을 물어 제거했다는 의견도 있
다.[34] 실제 김춘추의 집권에 찬동하지 않은 세력들은 대 백제전이나, 대 고
구려전에 소극적으로 임했을 가능성이 있다. 다음을 보자.

> (文武王 元年에)(文武)大王은 大監 文泉을 보내어 蘇定方에게 서신을
> 전하였는데, 이때 (돌아와서) 복명하고 定方의 말을 전하되 "내가 만 리
> 먼 곳에 명을 받고 滄海를 건너 적을 칠 때 배를 해안에 댄 지 벌써
> 달을 넘겼습니다. 大王의 군사는 이르지 않고 군량 수송이 계속되지 않
> 아 위태로우니 왕은 잘 생각해 주십시오."라고 하였다. 大王이 여러 신
> 하들에게 어찌하면 좋겠는가를 물으니 모두 적지에 깊이 들어가 군량을
> 수송하는 일은 사세로 보아 할 수 없다고 하니 大王이 한숨을 쉬며 탄식
> 을 하였다. 이때 庾信이 앞으로 나아가 "신이 과분하게 恩遇를 받고 욕
> 되게 重任을 맡고 있으니 국가의 일이라면 죽어도 피할 수 없습니다.
> 오늘은 곧 老臣이 절개를 다하는 날이오니 敵國을 향하여 蘇將軍의 뜻
> 에 맞도록 하겠습니다."라고 하였다.(『三國史記』42, 金庾信傳 中)

이는 신라가 당의 요청에 의해 당군 진영으로 군량미를 수송할 때의 이
야기이다. 여기서 상당수 귀족들이 매우 소극적으로 전쟁에 임하고 있음을
살필 수 있다.[35] 이때 이들 귀족들이 누구인지는 분명히 말하기 어렵지만
문무왕 원년 6월의 고구려 원정군 지휘관들을 주목해 보면 어느 정도 알
수 있다.

---

33) 朱甫暾, 앞의 논문, pp.291-294.
34) 朱甫暾, 위와 같음.
35) 이밖에 문무왕 2년의 對고구려전에서도 다른 장사들은 선봉에 서는 것을 피하였으나
   김유신만이 선봉에 서서 전쟁을 독려하였다는 것도 같은 맥락에서 이해된다. 『삼국사
   기』42, 김유신전.

<표> 對 高句麗 出征 將軍

人名	職位	備考
金庾信	大將軍	
仁問,眞珠,欽突	大幢將軍	
天存,竹旨,天品	貴幢摠管	
品日,忠常,義服	尙州摠管	
眞欽,衆臣,自簡	下州摠管	
軍官,藪世,高純	南川州摠管	
述實,達官,文穎	首若摠管州	
文訓,眞純	河西州摠管	
眞福	誓幢摠管	
義光	郎幢摠管	
蔚知	罽衿大監	

　이들 가운데 대당장군 진주·흠돌, 하주총관 진흠, 남천주총관 군관·수
세 등이 주목된다. 진주와 진흠은 위에서 살폈듯이 문무왕 2년에 국사를
소홀히 하였다 하여 죽임을 당한 인물인데, 그가 국사를 소홀히 했다는 것
은 이때의 전쟁에서 소극적으로 임한 것을 말한 것이 아닌가 한다. 흠돌·
군관·수세 등은 후술되겠지만 신문왕 즉위년에 있었던 흠돌의 모반 사건
에 연루되어 죽었다. 이 사건은 김유신 세력이 적극 진압에 나섰던 일이었
다. 이로 미루어 이들은 김유신과는 성향을 달리하였다고 여겨진다. 따라서
김유신 주도의 고구려 원정에 소극적이었다고 생각된다. 그러나 김유신은
고구려 원정에 적극 참여하여 그의 기반을 확고히 하고자 했을 것이지만,[36]
반대 귀족 세력들은 그렇지 않았을 것이다. 그리고 김춘추 세력은 이들을

---

36) 물론 김유신전의 내용이기 때문에 김유신의 역할이 상대적으로 강조된 측면도 없지
　　않다는 점을 염두에 두어야 할 것 같다.

전쟁에 소극적이라는 이유로 제거했을 것으로 보인다.

> 왕이 戰地에서 돌아올 때 衆臣, 義官, 達官, 興元 등이 (이 전역에 있
> 어). □□寺營으로 퇴각한 일이 있으므로 그 죄가 당연히 사형에 처할
> 것이로되 특사하여 면직 시켰다.(『三國史記』6, 文武王 10년 7월)

문무왕 10년에 중신, 의관, 달관, 홍원 등을 전쟁에서 패배한 책임을 물
어 파면했다는 것이다. 중신, 의관, 달관, 홍원 등은 모두 대당총관을 지낸
고위 귀족이었다.[37] 이들을 단지 패퇴하였다는 이유만으로 파면한 것은 진
주나 진흠의 경우처럼 문무왕 측이 반대 세력을 제거하기 위해서 취한 조
치로 생각된다.[38]

이러한 일련의 작업을 통해 중대 왕권은 성립되어 갔다고 여겨진다.

2. 귀족세력의 반발

문무왕대는 흔히 삼국 항쟁이 마무리되고 정치적으로 귀족 세력을 누르
고 왕권 강화의 터전이 닦아진 시기로 이해되고 있다. 그러나 이러한 의견
에 쉽게 공감하기 어렵다. 먼저 문무왕이 남긴 遺詔를 보도록 하자.

---

37) 중신과 달관은 문무왕 원년에 하주총관과 수악주총관을 각각 역임하였으며, 홍원은 문
무왕 8년에 罽衿幢총관을 역임하였다.
38) 金壽泰, 앞의 논문, pp.22-23.

太子는 일찍이 賢德을 쌓고 오래 東宮의 位에 있었으니 위로는 여러 재상으로부터 아래로는 뭇 관원에 이르기까지 送王의 義에 어기지 말며 事居의 禮를 闕하지 말라. 종묘의 주인은 잠시라도 비어서는 아니되는 것이니 太子는 곧 柩前에서 王位를 계승하라.(『三國史記』7, 文武王 21년 7월)

이는 문무왕이 남긴 유조의 한 구절이다. 위의 유조는 왕위를 계승할 태자에게 상당한 정치적 무게를 실어 주는 내용이라고 할 수 있겠다. 즉, 태자가 일찍부터 동궁의 지위에 있으면서 현덕을 쌓았으니 신하들은 태자를 잘 받들라는 것이다. 이를 보면 문무왕은 그가 죽은 후에 태자가 무리없이 왕위를 계승할 수 있을까를 염려한 것 같다. 政明 즉 신문왕이 태자에 책봉된 것은 문무왕 5년의 일로,[39] 정명은 무려 15년 이상을 태자의 지위에 있었다. 따라서 그가 왕위를 계승하고 왕자로서의 지위를 누리는 데 전혀 문제가 있을 것 같지 않다. 그럼에도 이러한 유조가 나왔다는 것은 문무왕 말의 정국 전개가 문무왕의 의도대로 이루어지지 않았음을 짐작케 한다.[40] 그런데 일련의 모반 사건이 문무왕 10년 무렵에 연속하여 일어난 점이 주목된다. 다음을 보자.

    a. 漢城州 摠管 藪世가 百濟□□를 略取하여 본국을 배반하고 그곳으로 가려 하다가 일이 발각되니 왕이 대아찬 眞珠를 보내어 藪世를 주살하였다.(『三國史記』6, 文武王 10년 12월)
    b. (熊津都督府) 百濟의 부녀를 新羅 漢城都督 朴都儒에게 嫁與하고

---

39) 『삼국사기』6, 문무왕 5년.
40) 이제까지 문무왕의 遺詔를 언급한 연구는 상당하나 대부분 유조의 다른 면을 주목하고 있을 뿐 정치적 성격에 대해서는 간과하고 있는 실정이다.

이와 同謀 합계하여 新羅의 병기를 도취하여 일주의 땅을 습격하려 하
던 중, 일이 다행히 발각되어 都儒를 바로 참수하니 계획이 어그러지고
말았다.(『三國史記』7, 文武王 13년 7월)

c. 아찬 大吐가 모반하여 唐에 붙으려 하다가 사실이 드러나 주살을
당하고 그 처자는 천인에 편입되었다. (『三國史記』7, 文武王 13년 7월)

위는 한성주 총관과 도독의 지위에 있던 수세, 도유 등을 포함한 일단의
세력들이 모반을 꾀하다 주살당했다는 것이다.[41] 여기서 대토의 경우는 분
명하지 않지만 수세나 도유 등은 고구려와의 전쟁에서 크게 활약하였을 뿐
아니라 한성주의 책임까지 맡은 인물들로서[42] 그들이 모반을 꾀하였을 것
같지 않다. 그럼에도 그들이 모반을 꾀한 까닭은 무엇일까. 다음을 살펴보
도록 하자.

a. 仁問, 天尊, 都儒 등은 一善州 등 7군 및 漢城州의 병마를 영솔하
여 唐軍의 영으로 가고, 27일에 왕도 서울을 떠나 당영으로 향하였다.
(『三國史記』6, 文武王 8년)

b. 그리하여 英公은 麗王 寶藏과 王子 福男, 德男과 대신 등 20여
만을 거느리고 唐으로 돌아갈 때, 각간 金仁問과 대아찬 助州도 英公을
따라가고 仁泰, 義福, 藪世, 天光, 興元도 이를 수행하였다.(상동)

이에 의하면 도유는 당과 연합 작전을 수행하기 위해 김인문과 함께 唐

---

41) 그런데 a 사료에서 대아찬 진주를 보내어 수세를 주살했다는 기록은 착오가 약간 있는
   것 같다. 진주는 이미 문무왕 2년에 전쟁에 소극적인 이유로 죽임을 당했는데 어떻게
   그가 수세를 주살하였는지 언뜻 납득되지 않는다.
42) 수세는 문무왕 원년에 남천주 총관으로 고구려 원정에 나아갔고 10년에는 한성주 총관
   의 직에 있었다. 그리고 문무왕 8년에 군관과 함께 한성주 행군총관의 직에 있었던
   도유는 11년에 한성주 도독이 되었다.

진영에 들어갔으며, 수세는 당군이 돌아갈 때 김인문과 함께 당에 함께 들어갔다는 것이다. 즉 두 사람은 모두 비교적 당과 가깝게 지낸 인물들이었다고 추측된다. 그런데 당시 신라와 당의 관계는 唐將 설인귀의 글에서 살필 수 있듯이 긴장 국면으로 치닫고 있었다.[43] 이러한 당과의 마찰은 당시 국내의 미묘한 정치 상황과 맞물려 정권의 향배와도 직결되는 중요한 사안이었다고 여겨진다. 따라서 당과의 관계를 둘러싸고 지배 세력 내부에서는 권력 구조 재편에 관한 갈등이 고조되었으리라 추측된다. 이 때 당과 비교적 원만한 관계를 유지하였던 세력들은 당과의 마찰을 심각한 위기 상황으로 인식하였을 것이다.[44] 이를테면 수세나 도유처럼 비교적 親唐的인 인물들은 당시의 상황을 매우 불만스럽게 여겼을 가능성이 크다. 이러한 추측이 가능하다면 수세나 도유 등이 이 때문에 난을 일으켰다고 생각할 수 있다. 한편 이들이 모두 김인문과 어떤 관련이 있지 않나 여겨지기도 한다. 김인문은 문무왕의 아우로서, 대고구려전에서 크게 활약하였을 뿐 아니라 당에서 오랜 숙위 생활을 하면서 당과 밀접한 관계를 맺고 있었다. 이러한 점을 이용하여 당은 김인문를 통해 문무왕을 견제하고자 하기도 하였다. 따라서 문무왕은 김인문을 의도적으로 견제하였을 것이다. 이 점 역시 김인문과 가까이 지내던 인물들에게는 불만으로 작용했을 것 같다.[45] 그러나 이것이 그들이 모반을 꾀한 이유의 전부라고는 생각되지 않는다. 더욱 중요한 문제가 있었을 것이다. 여기서, 이미 앞절에서 살핀 대로 무열계가 왕권을 확립

---

43) 『삼국사기』7, 문무왕 11년.

44) 井上秀雄은 수세, 도유 등이 모반을 한 것은 전통적으로 당에 대한 존경심과 당의 분열책 때문이었다고 하였다. 앞의 논문, pp.451-452. 여기서 그가 당과의 관계나 당의 분열 책동에서 이들의 모반 이유를 찾으려 한 점은 이해가 되지만, 당시 신라의 귀족들이 소중화의식을 가졌다고 한 점은 동의하기 어렵다.

45) 김인문의 정치적 역할과 당시 정치사의 전개는 중요한 상관이 있다고 믿어지나 이 문제는 후일 재론하고자 한다.

하기 위하여 반대 세력을 전쟁을 통해 제거하였다는 점이 주목된다. 왕권 강화책은 상당수 귀족들의 반발을 일으켰다고 추측된다. 위의 수세나 도유의 모반이 이러한 불만의 한 표출로 보인다. 결국 반대 세력을 제거하는 과정에서 귀족 세력의 대립 분열 현상이 심화되었다고 생각된다. 당시 수세, 도유, 중신, 의관, 달관, 홍원 등이 문무왕의 정치에 반발하였을 때, 그것에 동조한 세력으로 김흠돌, 김군관 등을 찾을 수 있다.

> 7월 17일에 金庾信으로 大將軍을 삼고 金仁問, 眞珠, 欽突로 大幢將軍을 삼고 天存, 竹旨, 天品으로 貴幢摠管을 삼고, 軍官, 藪世, 高純으로 南川州摠管을 삼고, 述實, 達官, 文穎으로 首若州摠管을 삼았다.(『三國史記』6, 文武王 원년)

이는 김유신 등이 대 고구려 전쟁에 나아갔을 때의 기록인데, 흠돌은 김인문, 진주와 함께 대당장군으로, 군관은 수세와 함께 남천주 총관이 되어 전쟁에 참여하고 있었다. 이때 앞서의 진주나 수세 등이 흠돌, 군관과 같은 부대의 지휘관으로 참여한 점이 관심을 끈다. 말하자면 김흠돌과 김진주, 김군관과 수세 등이 같은 부대에 있었으며 비교적 가까운 관계를 맺었다고 볼 수 있지 않나 한다. 따라서 김진주와 수세가 문무왕 측에 반대된 세력이었다면 흠돌과 군관도 그러하였을 가능성이 크다고 본다. 이것은 후일 신문왕 즉위년에 있었던 모반 사건에 김흠돌, 김흥원, 김군관 등이 같이 연관되어 있는 데서도 확인된다.

그러면 김흠돌 등과는 성격을 달리하면서 문무왕과 연결된 세력은 누구였을까. 이때 문무왕과 연결된 세력으로는 김유신 세력이 주목된다. 주지하다시피 김유신은 김춘추의 왕위 계승에 주도적인 역할을 하였고, 백제·고구려와의 전쟁에 큰 공을 세워 왕권에 비견되는 힘을 갖고 있었다. 그것은 다음에서 추측할 수 있다.

    a. 총장 元年(文武王8년)에 唐 高宗이 英國公 李勣을 시켜 군사를 일
으켜 高句麗를 치게 할 새 드디어 우리에게도 군사를 징발케 했다. 문무
왕이 군사를 내어 호응하려 하여 欽純, 仁問을 명하여 將軍을 삼았다.
欽純이 왕께 고하기를 "만일 庚信과 함께 가지 않으면 후회가 있을까
합니다." 하니 왕이 "公 等 세 신하는 나라의 보배이다. 다 함께 적지로
나갔다가 불의의 일이 있어 돌아오지 못한다면 나라가 어찌될 것인가?
그러므로 庚信을 머물러 나라를 지키게 하면 은연히 장성과 같아 끝내
근심이 없을 것이다." 하였다. 欽純은 庚信의 아우요, 仁問은 庚信의 甥
姪이므로 庚信을 높이 섬기고 감히 거역하지 못하였다.(『三國史記』43,
金庚信傳)
    b. (文武王13년에)大王이 울며 "과인(文武王)에게 경이 있음은 고기
에게 물이 있음과 같은 일이다. 만일 피하지 못할 일이 생긴다면 백성을
어떻게 하며 사직을 어떻게 하여야 좋을까?" 하니 庚信이 대답하였다.
(『三國史記』43, 金庚信傳)

    위의 내용에서 문무왕과 김유신의 관계를 쉽게 헤아려 볼 수 있다. 특히
a에서 인문이 유신을 감히 거역하지 못했다는 구절이 주목된다. 인문은 문
무왕의 아우로서 고구려 전쟁은 물론 대당외교를 전담한 중요한 인물인데,
그가 유신을 거역하지 못했다는 사실은 비록 인문이 김유신의 생질이긴 하
나 당시 김유신의 지위를 짐작케 한다.
    그런데 김유신 세력과 김흠돌 세력은 어떤 관계에 있었을까. 다음을 보자.

    (왕이)일길찬 金欽運의 소녀를 맞아 夫人으로 삼으려 할새, 먼저 이찬
文穎과 파진찬 三光을 보내어 기일을 정하게 하고, 대아찬 智常을 시켜

(夫人에게) 納采케 하니 (중략) 5월 7일에 이찬 文顥과 개원을 그의 집
에 보내 부인을 책봉하였다. (『三國史記』8, 神文王 3년)

　이는 김흠돌 소생의 왕비를 출궁시킨 후 신문왕 3년에 새 왕비를 맞이하
는 내용인데, 문영, 삼광 등이 새 왕비를 맞아들이는 주도적인 역할을 수행
하고 있다. 그런데 삼광은 김유신의 장자이며46), 문영 역시 백제와 싸울 때
소정방에게 죽임을 당할 뻔하였으나 김유신의 도움으로 목숨을 구한 바 있
어 그 역시 김유신 세력으로 간주할 수 있다.47) 그렇다면 김유신 세력이
김흠돌 소생의 왕비 출궁에 개입되어 있다고 생각할 수 있다. 이는 김흠돌,
김군관 등을 제거한 사건에 김유신 세력이 깊숙이 개입되었음을 뜻한다.
말하자면 김유신 세력과 김흠돌 세력이 정치적으로 서로 부딪쳤음을 알 수
있겠다. 이러한 대립은 이미 문무왕대부터 있어 왔다고 보여지고, 이 설명
이 가능하다면 김유신 등이 왕권과 연결되어 권력을 키워갈 때, 김흠돌은
그 반대편에 있으면서 대립된 성향을 보였다고 본다. 그리고 김유신 세력이
반대 세력들을 전쟁을 이용하여 정치적으로 제거하였을 때 그것에 반발하
거나 소외된 세력들은 흠돌을 중심으로 결집되고 있었다.48)
　한편 김흠돌의 딸은 문무왕의 장자인 정명과 혼인했다. 김흠돌의 딸이
언제 태자비가 되었는가 하는 것은 알 수 없지만, 태자가 책봉되던 문무왕
5년 무렵이 아닐까 추측된다. 그런데 문무왕측이 왜 그와 가까운 세력의
딸을 채택하지 않고 오히려 반대 세력인 김흠돌의 딸을 태자비로 삼았는가

---

46) 『삼국사기』43, 김유신전(하).
47) 『삼국사기』5, 무열왕 7년 7월.
48) 이에 대한 대부분의 연구는 귀족 세력간의 대립문제는 거의 주목하지 않고 단지 왕권
　과 귀족세력의 문제로만 파악하고 있을 따름이다. 다만 김수태는 이를 관료와 진골
　귀족의 대립으로 파악하고 있다. 앞의 논문, pp.26-27.

하는 것이 궁금하다. 이를 알 수 있는 이렇다 할 기록은 없지만 반대 세력에 대한 회유 차원에서 나온 것이 아닌가 한다.[49] 이를테면 문무왕 5년경에 혼인이 이루어졌다면 그때는 당과 동맹하여 고구려를 침공하는 일이 적극 추진되던 시기였다는 점이다. 따라서 지배 체제 내의 결속을 공고히 할 필요성이 있었다. 그러나 앞서 살폈듯이 이미 문무왕 즉위초부터 일부 귀족 세력에 대한 숙청 작업이 이루어지고 있어, 이를 둘러싼 지배 세력 내부의 갈등이 심화되고 있었다. 따라서 문무왕측에서는 이들 세력을 어느 한도 내에서는 끌어안을 필요성이 있었다고 본다. 그래서 문무왕은 혼인 정책을 통해 반발하는 귀족 세력의 움직임을 차단하고 그들 세력을 그의 의도 아래 두고자 하였던 것으로 보인다. 따라서 김흠돌 세력은 국왕과 외척 관계를 형성하면서 다른 귀족 세력의 구심점이 되어가고 있었다고 본다.[50]

그런데 김유신 세력은 김유신의 노령으로 정국 주도력이 전과 같지 않았을 것으로 보인다. 김유신이 문무왕 13년에 79세로 사망하였는데,[51] 당시 그는 병석에 있었던 것으로 미루어 김유신의 정국 간여는 현실적으로 어려웠으리라 생각한다.[52] 따라서 문무왕 10년 무렵 김유신 세력은 정국 주도를 둘러싸고 김흠돌 등의 귀족 세력과의 각축이 불가피하였다고 여겨진다. 다음을 보자.

咸寧 4년 癸酉는 文武大王 13년인데, 봄에 妖星이 나타나고 지진이

---

49) 朱甫暾, 앞의 논문, p.300.
50) 김수태 역시 문무왕의 왕권 강화에 불만이 있는 진골귀족 세력이 김흠돌을 중심으로 뭉쳤을 것이라 하였다. 앞의 논문, pp.29-30.
51) 『삼국사기』43, 김유신전(하).
52) 이기백은 김유신 사후 그의 세력이 약화되어갔다고 하였다. 앞의 논문 「統一新羅와 渤海의 社會」, p.316.

36   新羅中代 政治史硏究

있어 大王이 근심하였다. 庚信이 나아가 아뢰기를 "지금의 변이는 厄이 노신에게 있으니 국가의 재앙이 아닙니다. 왕은 근심하지 마십시오"하였다.(『三國史記』43, 金庚信傳 下)

위의 내용에 요성이 있고 지진이 일어나는 등의 천재지변이 있어 문무왕이 걱정을 하자 김유신이 그것은 자기에게 원인이 있다고 하였는데, 천재지변이 당시 정치 상황의 반영을 뜻한다면 당시 정국이 복잡하게 전개되고 있었다고 본다. 특히 김유신이 지금의 변이는 액이 자신에게 있기 때문에 일어났다고 한 점으로 미루어 김유신과 관계된 정치적 갈등이 있었다고 생각된다. 김유신은 당시 왕권과 연결되어 강력한 정치 권력을 가졌었는데 그를 둘러싼 갈등이 있었다는 것은 어쩌면 그에 도전하는 세력이 있었다는 것을 알려주며, 점차 그의 세력이 동요하였다는 증거가 되겠다. 이러한 추측은 다음에서 확인된다.

(文武大王 13년) 6월에 戎服 차림에 무기를 가진 수십 인이 庚信의 집에서 나와 울며 가는 것을 남들이 혹 보았는데, 좀 있다가 보이지 않았다. 庚信이 듣고 "이것은 반드시 나를 보호하던 陰兵이 나의 복이 다한 것을 보았기 때문에 간 것이니 나는 죽게 될 것이다." 하였다.(『三國史記』43, 金庚信傳 下)

여기서 주목되는 것은 戎服 차림의 수십 인이 유신의 집을 떠나자 유신이 나의 복이 다하였다고 한 부분이다. 이 내용은 설화적인 기록이긴 하나 당시 사정을 어느 정도 반영한 것은 아닌가 한다. 즉, 융복 차림의 수십 인이 유신의 집에서 나갔다는 것은 확실한 근거가 있는 것은 아니지만, 바로 김유신 세력의 분열이 나타났음을 알려주지 않나 한다. 또한 김흠돌 세력의 신장은 상대적으로 김유신 세력의 위축을 가져왔을 것이다. 여기서 김유신이 음병이 없으므로 죽게 될 것이다라고 한 것과 나의 복이 다했기 때문에 음병이 떠났다고 한 것은 바로 이러한 추측의 좋은 증거가 되리라 믿는다. 이것은 김유신 세력이 정국을 이끌어가는 데 적지 않은 타격이었을 것이다.

> 乙亥年(文武王 15년)에 唐兵이 와서 매소천성을 치니 元述이 듣고 죽어서 전의 수치를 씻으려 하여 드디어 힘써 싸워 공과 상이 있었다. 그러나 부모에게 용납되지 못한 것을 분한히 여기어 벼슬하지 않고 한 세상을 마쳤다.(『三國史記』43, 金庾信傳 下)

위의 것은 김유신의 차자인 원술이 비록 당병과 싸워 공을 세웠지만 벼슬을 하지 않았다는 것이다. 그가 벼슬을 하지 않은 표면적인 이유는 이전에 당병과의 싸움에서 패배를 하였을 때 목숨을 구차히 부지한 때문이라고 하였으나, 이를 그대로 받아들이기 어렵다. 이를테면 비록 김유신의 次子라 할지라도 이제는 전쟁의 패전이 이유가 되어 정국에서 배제된 것을 말해주는 것은 아닌가 한다. 따라서 이 기록 역시 김유신 세력의 정국 주도력이 이전과 같지 않다는 것을 보여준다.

바야흐로 김유신과 김흠돌 세력의 각축은 치열해졌고, 이에 정국은 상당히 혼미해졌다고 본다. 특히 대 고구려·당과의 전쟁이 마무리되면서 그러한 갈등은 더욱 노골화되었다고 여겨진다.

> a. 春 正月에 큰 별이 皇龍寺와 左城의 중간에 떨어졌다.(『三國史記』 7, 文武王 13년)
> b. 夏 6월에 호랑이가 궁궐에 침입하여 죽였다.(上同)

c. 13년 봄에 妖星이 나타나고 지진이 있었다.(『三國史記』43, 金庾信 傳 下)

이는 문무왕 13년에 일련의 천재지변이 있었음을 알려준다. 그런데 이러한 천재지변이 유독 문무왕 13년 무렵에 집중되고 있는 것은 예사로이 살필 수 없게 한다. 다시 말해 당시의 정국이 복잡하게 전개되었다는 것을 보여주는 것이 아닌가 한다. 문무왕은 이러한 상황 전개를 심히 우려한 듯하다. 위에서 잠깐 인용된 바 있듯이 c의 천재 지변에 문무왕이 근심하였다는 것이 그것을 말해준다고 생각한다.

한편 문무왕은 이러한 상황을 극복하기 위해 노력을 기울였다. 먼저 관제 정비를 통해 제도적인 왕권 강화를 꾀하였다.

〈표〉 문무왕대 설치된 관부

관부명	설치연대	전 거	기 능
외 사 정	문무왕 13년	삼국사기7. 문무왕 13년	지방관리의 형률과 탄핵사무
우리방부	문무왕 17년	삼국사기38. 직관지	율령격식제정
좌사록관	문무왕 17년	삼국사기7. 문무왕17년	관리의 봉록과 서훈
우사록관	문무왕 21년	삼국사기7. 문무왕21년	관리의 봉록과 서훈

먼저 外司正과 右理方府 설치가 주목된다. 사정부가 중앙 관리들의 형률과 탄핵 사무를 맡았다면, 외사정은 주·군에 설치되어 지방관의 그것을 담당하였다. 문무왕이 혼란스런 정치상황에도 외사정을 설치하였다는 것은 중앙 집권적 왕권 강화 사업을 꾸준히 시행한 것이라 생각된다.[53] 진덕왕

---

53) 李基東, 「新羅中代의 官僚制와 骨品制」『新羅 骨品制 社會와 花郎徒』, 一潮閣, 1984,

때 율령격식을 담당한 좌리방부가 설치된 바 있었는데[54] 추가로 우리방부를 설치한 것은 율령체제를 강화하려는 의도로 보인다. 이 점은 문무왕이 18년에 좌·우리방부에 卿을 1인씩 증치한 것에서도 알 수 있다.[55] 이와 같이 사정부와 이방부의 기능을 강화하면서 동시에 관리의 봉록과 녹읍 사무를 담당한 녹관을 설치하였는데, 이는 국가에서 관료들에게 적극적인 생계 대책과 우대책을 마련함으로써 관료 세력을 포용하려는 의도에서 비롯된 것이라 생각한다.

한편 문무왕은 京城을 새롭게 하고자 하였다.[56] 이와 같이 왕도를 새롭게 하려 한 것은 삼국 통일을 달성한 문무왕의 입장에서는 당연해 보인다. 삼국 통일 후 경주는 왕도로서의 비중이 더욱 높아졌을 것이다. 고구려와 백제의 지배층들이 모여들면서 경주를 확대할 필요성이 대두되고 있었다. 신문왕대에 달구벌로 천도하려 한 것도 경주가 통일 수도로서 한계가 드러났기 때문이었다는 점을 참고할 만하다. 여기에 왕도를 새롭게 꾸밈으로써 왕권의 권위를 고양시키고자 하는 의도도 있었다고 본다. 그러나 이러한 계획은

義湘이 "비록 초야모옥에 있더라도 正道만 행하면 服業이 장구할 것이요 만일 그렇지 못하면 비록 여러 사람을 수고롭게 하여 훌륭한 성을 쌓을지라도 아무 이익이 없을 것입니다."라고 하니 왕이 그치었다.(『三國史記』7, 文武王 21년)

---

p.126.
54) 『삼국사기』38, 직관(상).
55) 『삼국사기』7, 문무왕 18년.
56) 『삼국사기』7, 문무왕 21년.

에서 보듯이 중단되었다. 이것을 중단시키는데 의상이 중요한 역할을 한 것 같다. 의상은 후술되지만 당시 사륜계 왕권과 결탁되어 있는 인물로, 그가 이러한 건의를 한 것은 아마도 문무왕의 정책 자문으로 나온 것이라 본다. 이와 같이 의상이 축성을 반대한 것은 당시의 상황이 그것을 추진할 분위기가 아니었기 때문이었다고 본다.[57]

한편 김군관이 문무왕 20년에 상대등에 임명되었다는 사실이 주목된다.[58] 김군관은 앞서 잠깐 언급되었듯이 흠돌과 연결된 인물이다. 상대등직은 귀족 회의를 주관하는 자리로서 정치적으로 비중이 있는 인물들이 임명되었다.[59] 문무왕대의 상대등은 김유신이 무열왕 7년에 임명된 이래 계속하다가 문무왕 13년에 김유신이 사망하면서 공석으로 되어 있었다. 그런데 김흠돌과 관련된 군관이 상대등직에 나아간 것을 보면 김흠돌 세력이 정치적으로 크게 부상하고 있다고 볼 수 있다.

이처럼 김흠돌을 중심으로 한 세력이 정국의 주도권을 장악하여 갔던 것은, 약화되어 가던 김유신 세력이 김유신의 사망을 계기로 구심점이 소멸되었고, 상대적으로 김흠돌 세력은 태자비 納妃 이후에 왕실과의 관계를 이용하면서 당시 정국에서 소외된 인물들을 중심으로 세력을 결집시켰기 때문이라고 할 수 있다. 이들의 각축은 문무왕 후반부로 들어 더욱 가열되었

---

57) 김수태는 의상이 성을 수축하지 말라고 간한 것은 당시 진골 귀족 세력의 움직임과 관계가 있다고 하였다. 앞의 논문, p.30의 주37.

58) 『삼국사기』7, 문무왕 20년.

59) 중대의 상대등 기능에 대해서는 논란이 적지 않다. 즉, 중대에 들어 집사부의 기능이 강화되면서 상대등의 지위가 동요하였다는 이기백의 견해에 대하여 (「新羅 上大等考」『新羅政治社會史硏究』一潮閣, 1974), 중대에 들어서도 상대등의 기능이 전혀 변화가 없었다는 이영호의 견해가 있다.(「新羅貴族會議와 上大等」『韓國古代史 硏究』6, 1993.) 이 가운데 어느 견해가 옳은 것인지 쉽게 단정할 수는 없다. 중요한 것은 시대에 따라, 또는 누가 그 자리에 있는가에 의해서 상대등의 중요도가 결정되는 것이 아닌가 한다.

으며 이 과정에서 문무왕은 정치적으로 상당한 부담을 가졌다고 본다. 그것이 遺詔에 반영되어 문무왕은 그의 사후의 정치를 걱정하였다고 여겨진다.[60]

3. 神文王의 왕권 강화

신문왕은 문무왕이 재위 21년만에 죽자 그 뒤를 이어 왕위에 올랐다. 그러나 앞장에서 살폈듯이 그가 왕이 되었을 때의 정국은 정치 세력간의 각축으로 안정된 상태는 아니었다. 따라서 신문왕의 당면 과제는 어떻게 정국을 안정 기조로 운영하는가에 있었다고 생각한다. 그런데 다음을 보자.

　　a. 8월 8일 소판 金欽突, 파진찬 興元, 대아찬 眞功 등이 모반하여 伏誅하였다. (『三國史記』8, 神文王 즉위년)
　　b. 8월 16일 교서를 내려 "유공자를 상주는 것은 선왕의 좋은 규정이요, 유죄자를 목베는 것은 先王의 아름다운 법이다. 과인이 조그만 몸과 얕은 덕을 가지고 큰 기업을 承守하여 식사도 폐하고 잊으면서 또 일찍 일어나고 늦게 자면서 股肱의 신과 더불어 함께 나라를 편안케 하려 하였는데, 喪服 중에 난이 서울서 일어날 줄을 누가 생각하였겠는가. 적괴인 欽突·興元·眞功 등은 그 벼슬이 재능으로 높아진 것이 아니요, 실상 王恩으로 올라간 것이지만 능히 시종을 삼가하거나 부귀를 보전치 못하고 이에 不仁, 不義로 威福을 만들고 官僚를 모만하고 상하를 속이어 매일 그 無厭의 뜻을 드러내고 포악한 마음을 드러내어 흉사한 자를 불

　　60) 朱甫暾, 앞의 논문, p.298.

러들이고 近竪와 交結하여 禍가 內外에 통하고 같은 惡人들이 서로 도
와 기일을 약정한 후 亂逆을 행하려 하였다. 다행히 과인이 위로 천지의
도움을 입고 아래로는 종묘의 영험한 도움을 받아 악이 쌓이고 죄가 가
득한 欽突 등의 꾀가 드디어 드러나니 이는 곧 人·神이 함께 버린 것이
요, 천지에 용납치 못하게 된 것이다. 정의를 범하고 미풍을 상함이 이에
서 더 심한 것이 없다. 이러므로 군대를 모아 그 梟獍과 같은 나쁜 놈들
을 없애려 하매 혹은 山谷으로 도망가고 혹은 闕廷에서 항복하였다. 그
렇지만 잔당들을 찾아 곧 죽이어 3-4일 동안에 죄수들을 소탕한 일은
부득이한 일이었다. 이 일로 사인들을 놀라게 하였으니 우괴한 마음을
조석으로 잊을 수 있으랴. 지금은 이미 妖怪의 무리들이 정리되어 원근
에 근심이 없으니 소집한 兵馬는 속히 돌아가게 하고 사방에 공포하여
이 뜻을 알게 하라." 하였다.(上同)

이는 신문왕이 즉위한 지 한 달만에 김흠돌 일당이 모반을 꾀하다 관련
자들이 모두 주살되었다는 것으로, 장황하지만 전체의 내용을 이해하기 위
해 옮겨 보았다. 김흠돌은 신문왕의 장인으로, 문무왕대에 고구려와의 전쟁
에서 많은 활약을 하였으며, 더욱이 그의 딸을 태자비로 납비한 이후 나름
대로 세력을 형성하여 당대 최대의 정치 세력이 김유신 세력과도 맞설 수
있게 되었다.

또한 그는 신문왕이 즉위하면서 왕의 외척으로서 자연스러이 실질적인
힘을 더욱 갖게 되었다고 보여진다. 그러함에도 그가 문무왕이 죽은 지 한
달만에 모반을 꾀하였다는 것은 쉽게 납득되지 않는다. 특히 김흠돌이 구체
적으로 모반할 의사가 있었다면 그의 세력들을 총동원했어야 할 것은 당연
하다. 하지만 다음의 사실은 김흠돌의 세력들이 과연 적극적으로 모반을
하였을까 하는 의문을 갖게 한다.

8월 25일에 이찬 軍官을 목베니 그 교서에서 "上을 섬기는 법은 진충으로 근본을 삼고 관에 있어서의 義는 不二로 으뜸을 삼는다. 兵部令이찬 軍官은 순서로 인하여 상위에까지 이른 사람인데 능히 拾遺補闕하여 조정에 본분을 다하지도 못하며 또 授命忘軀하여 사직에 丹誠을 드러내지도 못하고 이에 적신 欽突 등과 관계하여 그 역모의 사실을 알고도 일찍 알리지 않았다. 이미 우국의 마음이 없고 또 봉공의 뜻이 끊어졌으니 어찌 재보의 위에 있으면서 헌장을 흐리게 하랴. 여러 衆棄와 마찬가지로 後進을 징계해야 할 것이니 軍官과 그 적수 1인에게만 자진하게 하고 遠近에 포고하여 두루 알게 하라."하였다.(『三國史記』8, 神文王 즉위년)

이는 병부령 군관이 흠돌의 역모 사실을 알고도 미리 알리지 않았다 하여 군관을 자진케 하였다는 것이다. 군관은 이미 언급된 바 있듯이 문무왕 말에 상대등이 되었던 인물이다. 그리고 그는 문무왕 즉위 직후 상대등에서 물러나 병부령직을 가지고 있었다.[61] 그가 왜 상대등에서 물러나 병부령직에 있었는가는 알 수 없지만, 여기서 만일 김흠돌이 모반할 의사를 강하게 가지고 있었다면 당연히 병권을 갖고 있는 김군관과 함께 구체적인 모반계획을 세웠으리라 생각된다.

그런데 흠돌의 난과 관련된 위의 기록들을 검토하여 보면 흠돌의 난에 김군관이 직접 가담한 것 같지는 않다. 왜냐하면 만약 군관이 흠돌의 난에 깊이 개입되었다면 당연히 1차로 함께 처형되었어야 했을 것이다. 하지만

---

61) 신문왕 즉위년 8월에 舒弗邯 진복을 상대등으로 삼았다 한다. 문무왕이 7월 1일에 죽었으니 한 달 후가 된다. 그런데 김흠돌의 모반 사건이 8월 8일에 일어난 것으로 보아 진복의 상대등 임명일은 8월 1일부터 7일 사이가 아닌가 추측된다. 이때 군관은 상대등직에서 물러났다고 본다. 한편 군관이 8월 28일에 병부령직에 있었던 것이 확인되는 점으로 미루어 상대등직에서 물러나면서 병부령직에 임명되었다고 여겨진다. 그리고 분명한 것은 그가 처형될 당시에는 상대등이 아니었다는 점이다.

김흠돌의 모반 사건과 관련하여 홍원, 진공 등이 1차로 복주되고 이어 10
여 일이 지나 군관을 불고지죄로 몰아 처형하고 있다. 이는 바로 군관이
흠돌의 난에 직접 연계되어 있지 않다는 증거라고 하겠다.[62] 그러면 김흠
돌이 이처럼 자신의 최대 지지 기반이라고 할 수 있는 군관의 협조 없이
모반을 꾀할 수 있었을까가 궁금하다. 따라서 흠돌의 모반 사건은 확실한
것은 아니나 흠돌의 반대 세력들이, 흠돌을 모반하였다 하여, 흠돌을 기습
적으로 제거한 사건이 아닌가 하는 것이다. 그리고 계속하여 흠돌 세력인
군관까지도 불고지죄로 제거한 것이라고 생각한다. 이러한 추론이 가능하
다면 김흠돌 모반 사건은 당시 정치 세력간의 각축에서 일어난 정쟁의 산
물이라고 본다.[63]

그런데 문무왕 후반부에 들어 점차 김흠돌의 세력이 신장되고 있는 상황
에서 김흠돌이 어떻게 반대 세력에게 제거되었을까 궁금해진다. 그것은 바
로 신문왕의 정치적 입장과 관련하여 생각해야 할 듯싶다. 즉 문무왕은 반
대 귀족 세력을 회유하기 위해 새로이 흠돌 세력에 어느 정도 배려를 하였
으나 이제 오히려 왕의 외척으로서 그들의 힘이 왕권을 제한할 정도로 성

---

62) 그런데 이기백은 김군관이 모반 사실을 알면서도 알리지 않았다 하여 처벌된 것은,
　　그가 김흠돌의 모반에 방관자적 위치에 있었다는 것을 말해준다고 하였다. 앞의 논문
　　「上大等考」, p.107. 주보돈도 김군관이 흠돌의 난을 알고 있었다는 것은 흠돌과 정치
　　적 이해를 함께 하였음을 뜻하지만, 적극 가담하지 않은 사실에서 그의 정치적 태도를
　　짐작한다고 하였다. 앞의 논문, p.301.
63) 김수태는 신문왕 즉위 직후 단행된 군관의 상대등 교체와 왕비의 無子 출궁이 흠돌의
　　모반 이유라고 살폈다. 앞의 논문, p.30. 하지만 그의 견해를 수긍하기에는 어려움이
　　따른다. 먼저 왕비의 무자 출궁이 모반 사건의 원인이라 하였지만 父의 作亂으로 출궁
　　되었다는 기록을 살필 때 왕비의 출궁은 모반 사건 이후의 사건임에 틀림없다. 따라서
　　왕비의 출궁 때문에 모반을 꾀하였다는 견해는 따를 수 없다. 또한 상대등의 교체를
　　모반의 이유로 들었으나, 이 견해를 따르기 위해서는 김군관이 보다 적극적으로 모반
　　에 가담 내지는 모반의 주역으로 드러나야 하지만 실제는 그러한 모습을 찾기 어렵다.

장하자 신문왕은 김흠돌 세력을 제거하려 했을 것이다.

이때 신문왕은 김유신 세력을 이용하여 김흠돌 세력을 견제하였던 것 같다. 그것은 새 왕비 책봉에 김유신과 관계 있는 삼광, 문영 등이 가담하고 있는데, 이는 왕비 출궁에 이들이 가담되었다는 뜻이 되겠다. 곧 김유신 세력이 김흠돌의 제거에 이용되었다고 생각된다. 나아가 신문왕은 김흠돌의 딸인 왕비까지 출궁시켰던 것이다. 다시 말해 신문왕이 김흠돌 세력을 제거한 것은 왕권을 강화하려 한 것이었다고 하겠다.[64] 이는 새로운 왕비로 앞서 인용한 김흠운의 딸이 책립되고 있는 데서도 알 수 있다.

김흠운의 딸이 신문왕의 새로운 왕비가 될 수 있었던 요인은 무엇일까. 우선 김흠운이 무열왕의 사위로서 신문왕과는 가까운 혈족이라는 점이 고려되었다고 생각한다.[65] 그러나 더욱 중요한 것은 당시 김흠운은 사망한 지 오래된 상태에 있었기 때문에 그의 가문이 비교적 정치적으로 강한 힘을 가졌다고 보기 어렵다는 점이 아닌가 한다.[66] 말하자면 신문왕은 비교적 열악한 가문의 딸을 택함으로써 왕권 행사에 부담을 갖지 않으려 했다고 생각한다.

이때 신문왕의 세력 기반으로 김개원, 김문영, 김삼광 등이 주목되는데, 그것은 이들이 새 왕비를 맞이하는데 적극적으로 참여하고 있는 데서 알 수 있다.[67] 결국 신문왕은 김개원 김문영 김삼광 등의 지지를 배경으로 정국 운영에 장애 요인으로 등장하였던 김흠돌 세력을 제거하며 왕권을 강화

---

64) 결국 김흠돌의 모반이 아니라 신문왕 측에 의해 제거되었다는 뜻이 되겠다.
65) 『삼국사기』47, 金歆運傳. 金歆運과 金欽運은 동일인을 가리킴은 분명하다. 李丙燾, 『國譯 三國史記』, 乙酉文化社, 1977, p.131의 주 4 참조 김흠운은 무열왕의 사위였다.
66) 김흠운은 무열왕 2년에 백제와의 전투에서 전사하였다. 따라서 그가 비록 무열왕의 사위였지만 김흠운 가문의 정치적 힘은 미약한 것이었다고 여겨진다.
67) 金壽泰, 앞의 논문, pp.31-32.

하였다고 하겠다. 이 과정에서 신문왕은 시위부를 개편하고 있는 것이 주목
된다.

> 10월 侍衛監을 혁파하고 將軍 6인을 두었다.(『三國史記』8, 神文王 원
> 년)

시위부는 진평왕 46년에 일부 조직이 편성된 후 진덕왕 5년에 정비된
것으로[68] 왕권을 강화하는데 있어 매우 중요한 기능을 하는 부대임은 주지
하는 바이다.[69] 그런데 신문왕이 김흠돌 세력을 제거하고 나서 바로 시위
부를 정비하고자 한 것은 아무래도 그 정비 목적에 정치적인 의도가 깔려
있지 않나 한다.[70] 혁파되기 전의 시위감에 어떤 관등에 있는 인물들이 있
었는지는 알 수 없지만, 신문왕 때 새로이 정비되었을 때의 장군직에 급찬
으로부터 아찬의 관등에 있는 자들이 장군의 位에 있었음을 알 수 있다.[71]
여기서 장군의 위에 있는 자들의 관등이 비교적 높지 않다는 점이 주목된
다. 말하자면 신문왕은 비교적 낮은 관등에 있는 하급 관료 세력들을 지지

---

68) 시위부의 편제와 정비 과정을 도표화하면 다음과 같다.

직명	정원	설치연대	관등규정	비고
장군	6	신문원년	급찬-아찬	시위감의 대치
대감	6	진평 46년	내마-아찬	신라본기 의거
대두	15	-	사지-사찬	
항	36	-	사지-대내마	
졸	117	-	선저지-대사	

69) 시위부에 대해서는 이문기의 논문이 참고된다. 「新羅 侍衛府의 成立과 性格」『歷史教
育論集』9, 1986.

70) 이기백은, 신문왕은 시위부를 개편하여 전제왕권을 보호하려고 하였다고 살펴었다. 앞
의 논문 「統一新羅와 渤海의 社會」 p.340.

71) 『삼국사기』40, 직관(하), 무관조

세력으로 하여 귀족 세력에 대한 견제를 꾀하였다는 것을 알 수 있다.[72] 요컨대 신문왕은 하급관리들을 새로이 시위부에 포진시킴으로써 왕권을 강화하려 하였음을 살필 수 있다.

이처럼 신문왕이 제도정비를 통해 왕권을 강화하려는 것은 위화부와 국학의 설치에서도 드러난다.

〈표〉 위화부의 조직

관직명	정원	설치 연대	관등 규정	참고
금하신	2	신문왕 2년	이찬-대각간	신문왕 5년 1명 증치
상당	2	신문왕 2년	급찬-아찬	성덕왕 2년 1명추가
대사	2		사지-내마	
史	8		선저지-대사	

〈표〉 국학의 조직

관직명	정원	설치 연대	관등 규정	참고
경	1	신문왕 2년	내마-아찬	
박사	약간			
조교	약간			
대사	2	진덕왕 5년	사지-내마	
사	4			혜공왕 원년 2인 추가

---

72) 한편 이문기는 시위부 장군의 관등이 아찬-급찬으로 규정되어 있는 것으로 보아 시위부의 장군직은 6두품에게 개방되었다고 생각되며, 그것은 진골귀족 세력의 침투를 배제하기 위한 조처였다고 하였다. 앞의 논문, pp.42-43. 그가 장관직에 하급 관등을 가진 자들이 임명되었다고 한 것은 동의하나 하급 관등이 반드시 6두품 출신이라고 단정할 수는 없다.

먼저 선거의 일을 담당한 위화부는 진평왕 3년에 그것이 처음 설치되긴 하였으나 구체적인 조직이 정비된 것은 신문왕 2년에 이르러서였다고 본다. 이와 같이 위화부가 신문왕 2년에 정비되었다는 것은 크게 주목된다. 그것은 위화부의 정비 시기가 흠돌 세력을 제거한 바로 다음해이기 때문이다. 신문왕이 흠돌 사건을 처리한 후 왕권의 지지 기반을 강화하려 하였을 것은 당연해 보인다. 이를테면 이때 설치된 위화부의 존재가 그것을 말해준다. 즉 위화부를 통해 왕권에 유용한 세력들을 등용하려 했을 것이다.[73]

신문왕이 위화부를 통해 그의 세력을 끌어들이려 했다는 점과 관련하여 국학의 설치도 매우 주목된다 하겠다. 국학에서는 주역·예기·상서·모시·춘추좌씨전·논어·효경·문선 등 유학 경전을 교육하였다. 이러한 것은 유교적 소양이 있는 인재를 육성하고자 하는 의도가 있다고 하겠다. 유교 교육을 받은 인물들은 유교적 충효 관념을 교육받아 왕의 지지 기반이 되었음직하다. 따라서 국학의 설치는 왕권을 지탱해주는 세력을 육성하고자 하는 측면이 있다.[74] 말하자면 국학을 통해 양성된 인재들을 위화부에서 많이 등용함으로써 왕권의 지지 세력을 보강하려 하였다고 생각한다. 이러한 노력은 이제 중고말부터 중대초에 이르기까지 진행되었던 제도 개편을 통한 왕권 강화 작업이 일단락 되었음을 뜻한다.

또한 신문왕은 비신라 출신 세력을 우대함으로써 그들의 불만을 미연에 방지하고 나아가 그들을 새로운 지배 세력으로 끌어들여 기존 지배 세력에 대한 견제를 꾀하였다고 생각된다.

---

73) 李基東, 앞의 논문, p.124.

74) 李基白, 「新羅 骨品體制下의 儒教的 政治理念」『新羅 思想史 硏究』, 一潮閣, 1986, p.230.

神文王代 大德 憬興은 性이 水氏이고 熊川州人이다.……開耀 元年
(神文王 원년) 文武王이 승하할 때에 神文王에게 顧命하여 이르되 "憬
興法師는 가히 國師로 삼을 분이니 짐의 명을 잊지 말라." 하였다. 神文
王이 즉위하여 진실로 國老로 모시고 三郎寺에 거주하게 하였다.……하
루는 王宮에 들어가려 하는데 종자들이 먼저 동문 밖에 기마의 안장을
심히 아름답게 꾸몄다. (『三國遺事』5, 咸通 憬興遇聖)

여기서 경흥이 신문왕대에 國老로 추대되었다는 점이 주목된다. 특히 그
는 문무왕에 의해서도 국사로 삼을 분이라는 고명까지 받기도 하였다. 이처
럼 그가 왕권 강화를 추진한 신문왕대에 國老로 추대되고 문무왕에 의해
"국사로 삼을 분"이라는 고명을 받은 것을 보면 문무, 신문왕대에 왕권과
밀착된 관계를 갖고 있다고 생각된다. 그의 사상의 어떤 측면이 당시 왕권
과 결합되었는가는 확실히 알 수 없으나 적어도 왕실의 의사를 대변하는
왕당파의 역할을 하였을 것은 분명하다.[75] 그런데 귀족 세력을 제거하며
왕권을 확립하던 당시, 정치적 기반도 전혀 없는 백제 지역 출신의 인물이
그러한 중요한 임무를 수행하고 있는 점이 관심을 끄는데, 이것은 결국 신
문왕이 새로운 인물들을 등용하여 왕권의 지지 기반으로 삼으려는 일면을
보여주는 것이라 생각된다.[76]

이러한 신문왕의 왕권 강화 노력은 관료들의 지지를 끌어들이며 추진되
었다. 다음을 보자.

---

75) 金在庚,「新羅 阿彌陀信仰의 成立과 그 背景」『韓國學報』29, 1982, p.25.
76) 이것은 보덕왕 안승을 진골귀족에 편입시켜 王京에 머무르게 한 데서 알 수 있다.『삼
국사기』8, 신문왕 3년. 이는 어쩌면 지방 세력에 대한 통제로 해석될지도 모르겠다.
김수태, 앞의 논문, pp.37-38. 그러나 새로운 세력을 끌어들여 기존 세력을 견제하려는
의도도 없지 않다고 본다.

5월에 敎書를 내려 文武 官僚田을 차등있게 주었다.(『三國史記』8, 神
文王7년)

신문왕이 문무 관료들에게 토지, 곧 관료전을 지급하였다는 것이다. 이때
지급된 관료전의 성격이 무엇인지는 분명히 단정지을 수 없으나, 그것이
관료들의 경제 기반이 되었던 것은 분명하다. 그러면 신문왕이 관료전을
지급하려 한 이유가 무엇일까 궁금하다. 그것은 국가에서 관료들의 경제
기반을 마련해 줌으로써 관료들의 지지를 이끌어 내려는 의도에서 만들어
졌다고 생각된다. 특히 국학을 통해 새로이 양성된 인재들을 등용하였을
때 그들에 대한 경제 기반의 마련도 매우 중요한 문제였다고 생각된다.[77]
한편 신문왕은 이처럼 관료들에 대한 경제 기반을 마련하면서 녹읍을 혁
파하였다.

春 正月에 敎書를 내려 내외관의 祿邑을 혁파하였다. (그리고) 租를
매년 差等있게 지급하는 것을 恒式으로 삼았다.(『三國史記』8, 神文王 9
년)

신문왕이 녹읍을 혁파하고 歲租를 지급했다는 것이다. 원래 녹읍은 대아
찬 이상의 고위관등을 가진 진골 귀족들에게 녹봉의 형태로 주어졌던 토지
였고, 반면에 하급 관리들에게는 세조가 지급되고 있었다.[78] 그런데 고급
귀족들에게 지급되었던 녹읍이 혁파되고 세조로 일원화되고 있다는 것은
일원적인 녹봉 체계를 확립하고자 하는 의도였을 것이다. 하지만 이러한

---

77) 金壽泰, 앞의 논문, pp.38-39.
78) 李喜寬, 「新羅의 祿邑」『韓國 上古史學報』3, 1990, pp.122-124.

의미 외에, 녹읍을 폐지한 것은 고위 귀족 세력의 경제적 토대를 약화시켜 왕권을 강화하려는 의도가 있었다고 생각된다. 결국 신문왕은 관료전을 지급하여 관료들을 장악하려 하는 한편 녹읍을 혁파하여 고위 귀족들의 경제 기반을 축소시키려고 하였다 하겠다.[79]

한편, 신문왕은 당과의 관계 개선을 통해 왕권을 안정시키려 하였다.

> 2월에 사신을 唐에 보내어 예기와 문장에 관한 책을 청하니 唐主則天
> 이 所司로 하여금 吉凶要禮를 등사하고 또 文館詞林 중에서 規誡에 관
> 한 글을 선택하여 50卷을 만들어 주게 하였다.(『三國史記』8, 神文王 6
> 년)

당에 사신을 보내어 유교 서적을 청하였다는 것이다. 신라와 당의 관계는 나·당 전쟁으로 매우 소원하게 되어 문무왕 8년 이후에 양국간의 외교 관계가 거의 단절 상태에 있었다. 그러나 당시 신라의 입장에서 하루바삐 당과 관계를 개선하는 것은 새로운 문물의 수입은 물론 더욱 국내 정치 상황을 안정시켜 왕권을 안정적으로 유지하는 데 있어서 매우 중요한 것이었다. 따라서 신문왕은 사신을 보내어 조심스럽게 양국간의 관계 개선을 추진했다고 여겨진다. 그것은 그 때 사신의 성격이 이례적으로 조공사가 아닌 유교 서적을 수입하러 갔다는 점에서 짐작된다.[80]

---

79) 李喜寬, 위의 논문, pp.130-132. 한편 이희관 씨는 녹읍을 혁파된 전기 녹읍과 경덕왕 16년에 부활된 후기 녹읍의 성격을 동일한 것으로 파악하였으나, 구분하는 것이 옳다고 본다. 전기 녹읍은 전통적 진골 귀족들이 자기들의 연고지 등에서 인민, 토지, 각종 생산물을 혁파하고 국가의 행정력에 의한 보다 계량적이고 합리적인 재정 운용을 경험한 바탕에서 나온 것인 만큼, 비록 귀족들의 욕구가 강렬했다고 하여도 부활 초기에는 전기 녹읍 상태의 것은 아니었을 것이다. 金基興, 『삼국 및 통일신라 세제의 연구』, 역사비평사, 1991, pp.144-146.

80) 申瀅植, 「統一新羅의 對唐관계」『韓國古代史의 新研究』, 一潮閣, 1984, p.328.

신문왕은 왕권을 강화하는데 있어 신화적인 측면에서의 접근도 시도하고 있다.

제 31대 神文王의 이름은 政明, 姓은 金氏이다. 開耀 元年 辛巳 7월 7일에 卽位하였다. 아버지 文武大王을 위하여 동해변에 感恩寺를 창건하였다. 이듬해 壬午 5월 초하루에(다른 책에는 天授 元年이라 했으나 잘못이다) 海官 朴夙淸이 아뢰었다.(중략) 왕이 배를 타고 그 산에 들어가니 용 한 마리가 검은 玉帶를 받쳐어 바친다. 왕은 용을 맞아 묻기를 "이 산이 대나무와 함께 혹은 갈라지고 혹은 합쳐지는 것은 무엇 때문인가."하니, 용이 "비유해 말씀드리면 한 손으로 치면 소리가 나지 않고 두 손으로 치면 소리가 나는 것과 같습니다. 이 대나무란 물건은 합쳐야 소리가 나는 것이오니 성왕께서는 소리로 천하를 다스릴 징조입니다. 왕께서는 이 대나무를 가지고 피리를 만들어 부시면 온 천하가 화평해질 것입니다. 이제 大王의 아버지는 바다 속의 큰 용이 되셨고 庾信은 다시 천신이 되어 두 성인이 마음을 같이하여 이런 값으로 칠 수 없는 큰 보물을 보내어 나로 하여금 바치게 한 것입니다."하였다. 왕은 놀라고 기뻐하여 오색 비단과 금과 옥을 주고는 사자를 시켜 대나무를 베어가지고 바다에서 나왔다. 그때 산과 용은 갑자기 모양을 감추고 보이지 않았다. 왕이 感恩寺에서 묵고 17일에 지림사 서쪽 시냇가에 이르러 수레를 멈추고 점심을 먹었다. 太子 理洪(즉 孝昭大王)이 대궐을 지키고 있다가 이 소식을 듣고 말을 달려 와서 하례하고는 천천히 살펴보고 아뢰었다. "이 옥대의 여러 쪽은 모두 진짜 용입니다." 왕이 "네가 어찌 그것을 아느냐"하였다. "이쪽 하나를 떼어 물에 넣어 보십시오" 이에 옥대의 왼편 둘째 쪽을 떼어 시냇물에 놓으니 금방 용이 되어 하늘로 올라가고 그 땅은 이내 못이 되었으니 그곳을 龍淵이라 불렀다. 왕이 大闕에 돌아와 그 대나무로 피리를 만들어 月城 天尊庫에 간직해 두었다. (『三國遺事』2, 紀異 萬波息笛)

신문왕이 만파식적을 얻는 이야기이다. 먼저 이 설화가 형성된 시점이 언제일까 궁금하다. 본문의 내용에 나오는 임오년은 신문왕 2년에 해당되므로 신문왕 2년에 있었던 일로 생각할 수 있다.[81] 하지만 이를 그대로 따르기에는 어려움이 있다. 즉 신문왕의 태자인 理洪(효소왕)이 신문왕을 영접하고 있는데, 이홍이 태어난 것은 신문왕 7년이었다. 따라서 이홍이 신문왕 2년에 신문왕을 마중을 나갔다는 것은 얼른 납득되지 않는다.[82] 그런데 일연이 작성한 주에 "천수 원년이라는 견해는 잘못"이라 한 구절이 관심을 끈다. 말하자면 일연이 위 내용을 작성할 때에 만파식적 설화와 관련된 기록 가운데 천수 원년의 것도 있었다고 여겨진다. 천수 원년은 신문왕 10년이므로 이때는 理洪이 태어난 후에 해당한다. 따라서 효소왕이 태자 시절에 신문왕을 마중 나간 사실을 상기한다면 이 설화는 천수 원년에 형성되었다고 생각한다. 그렇다면 이 설화가 형성된 배경은 무엇일까.

우선 위의 내용에서 용이 신문왕에게 "피리를 부시면 온 천하가 화평해질 것이다."는 구절이 있는데, 이는 만파식적이 신문왕대의 정국을 평화스럽게 하려는 의도에서 만들어진 것이 아닌가 여겨진다. 이때 정국 안정은 결국 신문왕대의 왕권을 안정적으로 운영한다는 의미로 받아들여진다.[83] 뿐만 아니라 만파식적 설화는 신문왕의 어린 태자인 理洪의 권위를 높이는 데도 이용되었다고 생각된다. 즉 어린 원자의 적통성과 권위를 높이려는 신문왕의 의도가 있었던 것이다.[84] 그것은 어린 태자가 만파식적의 특성을

---

81) 金壽泰, 앞의 논문, p.48. 만파식적을 본격적으로 연구한 김상현은 설화의 형성 배경을 신문왕의 왕권강화와 관련하여 살폈을 뿐, 설화의 형성 시점에 대해서는 주목하지 않았다. 「萬波息笛 說話의 形成과 意義」『韓國史研究』34, 1981.

82) 신종원은 만파식적 설화의 형성 연대에 의문을 품었다. 「五臺山事績과 聖德王의 卽位 背景」『崔永禧先生華甲紀念韓國史學論集』, 1987; 「新羅初期佛敎史研究」, 고려대 박사학위논문, 1988, p.219.

83) 金相鉉, 앞의 논문. 및 李基白, 앞의 논문 「統一新羅와 渤海의 社會」, p.310.

헤아리고 있는 데서 알 수 있다. 한편 신문왕은 귀족 세력의 간섭에서 벗어나기 위해 더욱 적극적인 방도를 모색하게 된다.

> 9월 왕이 서울을 達句伐로 옮기려 하였으나 뜻을 이루지 못했다. (『三國史記』8, 神文王 9년)

신문왕이 서울을 달구벌 곧 지금의 대구 지역으로 옮기고자 하였으나 뜻을 이루지 못했다는 것이다. 비록 그러한 의도가 좌절되었지만 신문왕은 경주 전통 귀족 세력의 힘을 약화시킴으로써 정국을 독자적으로 운영하고자 했다고 본다.[85] 천도 계획에 앞서 귀족 관료들의 경제 기반을 빼앗는 녹읍 폐지의 조처를 취하고 있는 데에서도 그것을 엿볼 수 있다.

이처럼 신문왕이 즉위하자마자 외척 김흠돌 세력을 제거하면서 일련의 왕권 강화책을 추진하였지만 그에 따른 반대 귀족 세력의 반발 또한 적지 않았다. 이때 반발세력의 움직임을 찾기란 쉽지 않다. 만파식적 설화의 형성 배경만 보더라도 신문왕의 왕권이 안정되어 있다고 보기 곤란하다. 즉 그때는 신문왕 10년경인데, 만약 신문왕의 왕권 강화 작업이 뜻대로 이루어졌다면 구태여 신화적인 측면까지 동원하여 왕권을 강화시키고자 할 필요가 있었을까 하는 것이다. 결국 신문왕권에 반대하는 세력이 있었으리라는 것을 상정할 수 있다. 다음을 보자.

---

84) 신종원은 만파식적이 신문왕대에 만들어졌다고 하더라도 설화의 형성은 효소왕대로 보여진다고 하였다. 앞의 논문, p.219. 그가 이 설화를 효소왕과 연결시킨 점은 찬동하나 설화가 신문왕이 태자의 정치적 지위를 높이기 위해 만들어졌다는 점을 고려하면 효소왕대에 설화가 형성되었다고 보는 데는 동의하기 어렵다.

85) 尹容鎭, 「大邱의 沿革과 관련된 古代 記錄 小考」『東洋文化硏究』2, 1975, pp.8-9.

神文大王이 仲夏月에 높고 통창한 집에 거처하였을 때에 설총을 돌아보고 이르기를 "오던 비가 오늘 처음으로 개고 훈훈한 바람도 좀 서늘하니 맛있는 음식이나 애절한 음곡이 있더라도 고명한 담론과 재미있는 이야기로 울적한 마음을 푸는 것만 같지 못하겠다. 그대는 반드시 이상한 이야기도 들었을 것이니 나를 위하여 무엇을 말하지 않겠는가." 하였다. 이에 설총이 말하기를 "신이 들으니 옛날 花王이 처음으로 오자 …… 장부가 나와 말하기를 '나는 왕이 총명하여 사리를 아시는 줄로 알고 왔더니 지금 보니 생각과는 다릅니다. 무릇 임금이 된 사람은 간사하고 아첨하는 자를 가까이하고 정직한 자를 멀리하지 않는 이가 드뭅니다. 이러므로 맹자는 불우하게 일생을 마쳤으며 마당은 랑서에 잠기어 흰머리가 되었습니다. 예로부터 그런 것이니 낸들 어찌 하리오' 하니 화왕이 이르기를 '내가 잘못하였다. 내가 잘못하였다.'고 합니다."(『三國史記』46, 薛聰傳)

이는 설총이 신문왕에게 당시의 정치에 대한 의견을 피력한 일부분이다. 여기서 "나는 왕이 총명하여 사리를 아시는 줄로 알고 왔더니 지금 보니 생각과는 다릅니다. 무릇 임금이 된 사람은 간사하고 아첨하는 자를 가까이하고 정직한 자를 멀리하지 않는 이가 드뭅니다." 라고 한 부분을 보도록 하자. 이 내용은 물론 풍자적으로 되어 있어 당시 상황을 그대로 이해하는 것은 무리가 따를지 모르겠지만 설총이 특별한 이유 없이 이러한 말을 했을 것 같지는 않다. 곧, 이 내용은 당시 정국에 대한 설총의 의견이 담겨져 있는 것이라고 생각한다. 그런데 원효의 아들인 설총은, 그의 母는 무열왕의 딸인 요석공주로 알려져 있다. 따라서 그는 당시 신문왕과도 관련이 있을 수 있다고 보여진다. 더욱 그는 유학자로서, 국학을 설치하여 유학을 장려한 신문왕과 밀접한 관련이 있다고 믿어진다. 그럼에도 그가 신문왕의 정치에 대해 문제를 제기하고 있는 것은 신문왕의 정국 운영에 대한 어떤 불만이 있었던 것이 아닌가 한다.86) 그렇다면 이 기록은 우리에게 신문왕의 정국 운영에 대해 불만을 가지고 있는 세력이 있음을 이야기해 주고 있는 것은 아닐까.

한편 의상의 활동이 신문왕대에 전혀 보이지 않는 점도 우리의 관심을 끈다. 의상은 일찍이 황복사에 출가하여 사륜계와 연결되었으며, 화엄종을 통해 전제 왕권의 이념 체계를 세워 왕권과 밀접한 관련을 가졌던 승려이다.87) 따라서 문무왕대만 하더라도 앞서 보았듯이 축성 중지의 의견을 내놓기도 하였다. 그러한 그가 신문왕대부터 성덕왕 3년 입적하기까지 전혀 모습을 드러내지 않고 있는 것이 이상하다 단순한 기록의 누락일 수도 있으나 하필 그 시대의 것만 누락되었다고 볼 수는 없겠다. 곧, 의상의 활동이 전혀 드러나지 않는 것은 신문왕대의 정국 전개와 전혀 무관하지 않으리라 본다. 이를테면 의상의 화엄사상은 그것이 전제주의와 어울린다고 하더라도 전제 왕실을 중심으로 진골 귀족은 물론 국가의 모든 계층이나 체제를 통합하려는 의지를 담은 것이지 신문왕처럼 진골 귀족에 대한 과감한 숙청을 뜻한 것은 아니었다. 이에 의상은 그의 사상이 갖는 이상과 전제주의가 추구하는 현실 사이에서 고민한 듯하다.88) 비록 그가 이 때문에 중대의 전제정치를 외면한 것은 아니었다 하더라도, 소원한 감정은 가진 것처럼 느껴진다. 이처럼 전제왕권 성립에 기여한 의상이 소원한 감정을 가졌다면 신문왕의 전제정치에 대한 진골 귀족들의 반발은 예견된다. 다음 장에서 자세히

---

86) 이를 6두품 출신인 설총의 사회적 입장을 대변한 것으로 생각하려는 견해와 (李基白, 앞의 논문「新羅 骨品體制下의 儒教的政治理念」, pp.224-226.) 앞서 살핀 경흥의 발호에 대한 원효계의 불만의 표시라는 의견이 있다.(金在庚, 앞의 논문, p.26의 주36.) 김재경의 견해를 따른다면 설총은 신문왕이 특정 세력과 연결되어 왕권을 강화하는 것에 강한 불만을 표시한 것으로 생각된다.

87) 金杜珍,『義湘 - 그의 생애와 華嚴思想-』, 민음사, 1995, pp.74-75.

88) 金杜珍, 위의 책, pp.380-388.

언급되겠지만 신문왕의 장례 행렬을 방해한 鄭恭의 경우에서도 귀족 세력의 반발 모습을 살필 수 있다.

이처럼 신문왕의 정책에 대한 반발의 모습은 신문왕이 계획한 달구벌 천도 계획이 좌절된 데서 분명히 살필 수 있다. 즉, 신문왕은 서울을 옮김으로써 귀족 세력의 세력 기반을 약화시키려 하였다. 그러나 이러한 노력은 천도로 인해 불이익을 받을 것으로 예상되는 집단들의 반발로 인하여 뜻을 이루지 못하였다.[89] 이 반발 세력들은 바로 전통적 귀족 세력이었을 것이다. 결국 달구벌 천도 계획이 좌절되었다는 것은 신문왕이 심혈을 기울여 추진하였던 일련의 개혁 정치가 귀족 세력의 반대에 부딪쳤으며 나아가 신문왕의 정치에 반대한 세력이 결코 만만치 않았음을 알게 한다.[90]

한편 신문왕은 태자를 책봉함으로써 왕위 계승 문제를 매듭지어 왕권을 안정시키려 하였다. 신문왕 11년에 있었던 원자의 태자 책봉이 그것이다. 이때 원자는 새로 왕비가 되었던 김흠운의 딸 소생으로 4세의 어린 나이였다. 그런데 어린 원자를 태자로 책봉하는 과정에서 적지 않은 갈등이 있었다고 본다.[91] 이는 신문왕의 왕권 강화의 한계로 작용하였을 뿐 아니라 효소왕의 정국 운영에 부담을 주었다.

이제까지 중대 왕권의 성립과 그 과정에서 나타난 귀족 세력 반발을 누

---

89) 尹容鎭, 앞의 논문, pp.8-9 및 金壽泰, 위의 논문, pp.49-50.

90) 이때 귀족들의 움직임을 신문왕이 의식했다는 것은 신문왕 12년의 당 중종의 묘호 개정 요구에 대해 왕이 단독으로 결정하지 못하고 '王與群臣同議' 했다는 것에서 짐작된다.

91) 신종원은 태자 책봉 과정에 갈등이 있음을 주목하였다. 그는 원자 출생 직후에 있었던 5묘제의 성립과 만파식적 설화는 효소의 태자 책봉과 관련이 있다고 하였다. 앞의 논문, pp.217-219. 곧 이러한 것은 태자 책봉 과정에서 나타난 갈등을 극복하기 위해서라는 것이다.

르면서 신문왕이 추진한 왕권 강화에 대하여 살펴보았다. 살핀 바를 요약하면 다음과 같다.

사륜계인 김춘추는 선덕, 진덕왕대에 왕권 강화 작업을 통해 정치적 입지를 강화해 갔는데 이때 김유신의 군사적 배경은 커다란 힘이 되었다. 마침내 진덕왕이 죽자 전통적 귀족 세력 및 동륜계의 견제를 극복하고 왕위를 계승한 김춘추는 漢化정책의 적극적 수용, 김유신 및 측근 왕자들을 중용하여 그의 세력 기반을 강화하였을 뿐 아니라 제도를 정비하여 율령체제를 공고히 하는 작업도 병행하였다. 아울러 새로운 질서 수립에 장애가 되는 귀족 세력들을 전쟁을 이용하여 제거하는 등 왕권의 기틀을 마련하고자 하였다. 이러한 노력은 문무왕대에도 계속되었다.

한편 새로운 중대 왕권 성립 과정에서 배제된 귀족 세력들은 문무왕대에 모반을 꾀하는 등 반발이 심했다. 이들은 김흠돌을 중심으로 세력을 결집시켜 갔는데, 중대 왕실은 귀족 세력을 회유하기 위해 김흠돌의 딸을 태자비로 맞아들였다. 이를 계기로 김흠돌의 세력은 신장되어 그의 세력인 군관이 상대등에 나아가기도 하였다. 이에 중대 왕실은 김유신 세력의 도움으로 반대 세력을 고구려 戰役에서 소극적이었다거나 또는 패전의 책임을 지워 제거하였다. 이 과정에서 반대 세력은 어느 정도 위축되었지만 김유신 세력은 노쇠하여 점차 김흠돌 세력과 정국의 주도권을 놓고 각축하는 상황에 이르게 되었다. 이때 문무왕은 나름대로 정국을 안정시키려고 노력하였지만 이후의 정국 전개를 심히 우려하였던 바, 이것이 문무왕이 유조를 작성한 배경이다.

신문왕은 즉위하면서 외척으로서 성장한 김흠돌 세력을 제거함으로써 왕권의 안정을 꾀하고자 하였다. 그는 또한 시위부와 위화부 그리고 국학의 설치를 통해 관제를 정비함으로써 제도적으로 왕권을 강화하려는 노력을 마무리하였다. 아울러 경흥 등 비신라 세력을 새로운 지배 세력으로 끌어들여 기존 지배 세력을 견제하고자 하였다. 이어 관료전을 지급하여 관료들의 지지를 끌어들임과 동시에 녹읍을 혁파하여 고위 귀족 세력의 경제 기반의 약화를 꾀하였다. 그리고 오묘제와 만파식적을 만들어 왕권의 권위와 원자의 지위를 고양시키려고 하였다. 특히 신문왕은 당과의 관계 개선을 통해 국내 정국을 안정시키려고 하였다.

그러나 이러한 일련의 왕권 강화 노력은 철저하지 못하여 귀족 세력의 반대에 부딪쳤다. 그것은 신문왕의 달구벌 천도 계획의 좌절, 정공 세력의 존재, 태자 책봉 과정에서의 갈등 등에서 알 수 있다.

제2장 孝昭王代 貴族勢力과 王權

孝昭王은 神文王을 계승하였지만 즉위초부터 정국이 불안정하였을 뿐 아니라 귀족들의 모반 사건을 겪기도 하였다. 이러한 상황의 전개 원인을 아는 것은 中代 정치사의 일면을 살피는 데 중요하다고 생각된다. 따라서 이에 대한 관심도 적지 않았지만 대부분 단편적인 언급에 그치고 있을 뿐이었다.[1] 그런데 최근 체계적인 연구가 이루어져 많은 도움을 얻게 되었다.[2]

하지만 아직 몇 가지 문제가 남아 있다고 본다. 즉, 효소왕대의 왕권이 동요하게 된 배경 설명이 충분치 않다는 점이다. 이는 효소왕의 즉위와 연관된 문제로 보는데 이를 간과하고 있다고 여겨진다. 또한 효소왕을 둘러싼 귀족 세력간의 갈등이 제대로 살펴지지 못했다고 생각된다.

이에 필자는 먼저 효소왕의 즉위 과정을 당시 지배 세력의 움직임과 연

---

1) 孝昭王代를 살피는 데는 다음의 論文이 참고된다.
   井上秀雄, 「新羅政治體制의 變遷過程」『新羅史基礎研究』, 1974.
   申瀅植, 「新羅中代 專制王權의 展開過程」『統一 新羅史研究』, 三知院, 1990.
   朱甫暾, 「南北國時代의 支配體制와 政治」『한국사』3, 한길사, 1994.
2) 金壽泰, 「新羅中代 專制王權과 眞骨貴族」, 서강대 박사학위 논문, 1990.

관하여 살펴보고자 한다. 다음으로 효소왕권에 반발하는 귀족들의 동향과 왕권의 약화 과정을 찾아보고자 한다. 이러한 작업을 통해 당시 지배 세력의 분열과 그것이 효소왕권의 형성에 어떤 영향을 주었는가를 알게 될 것이다.

1. 孝昭王의 即位와 政局 運營

神文王이 재위 12년만에 죽자 태자 理洪이 왕위에 올랐다. 효소왕이 태자에 책봉된 것은 그의 나이 4세 되던 신문왕 11년의 일이었다. 태자 책봉 문제는 왕권을 안정시키는 데 매우 중요한 문제였으나 신문왕 말년에 가서야 이루어진 것은 태자 책봉 문제가 순조롭지 않았음을 말해준다. 다음을 보자.

a. 古記에는 太和 元年 戊申 8월 초에 王이 산 속에 숨었다고 했으나 아마 이것은 잘못인 듯싶다. 상고해 보건대 孝照를 孝昭라고도 했다. 天授 3년 壬辰에 즉위했는데 이때 나이 16세였고, 長安 2년 壬寅에 죽었으니 나이 26세였고 聖德王이 이 해에 즉위했으니 나이 22세였다. (『三國遺事』3. 塔像 臺山五萬眞身)

b. 新羅의 淨神太子 寶叱徒는 아우 孝明太子와 함께 河西府의 世獻 角干의 집에 가서 하룻밤을 묵고 이튿날 大領을 넘어 각각 1,000명을 거느리고 省烏坪에 가서 여러 날 놀다가 太和 元年 8월 5일에 형제가 함께 五臺山으로 들어가 숨었다.…이때 淨神太子의 아우 副君이 新羅에 있어 王位를 다투다가 죽음을 당하매 나라 사람들이 장군 4명을 보

냈는데 五臺山에 이르러 孝明太子 앞에서 만세를 불렀다. 이때 오색 구
름이 五臺山에서부터 新羅에까지 뻗쳐 7日 7夜 동안 빛을 뿜었다. 나라
사람들은 그 빛을 찾아 五臺山에 이르러 두 太子를 모시고 本國으로
돌아가려 하였다. 그러나 寶叱徒太子는 울면서 돌아가지 않으려 하매
孝明太子를 모시고 돌아가 王位에 오르게 하니 王位에 있은 지 20여
년이었다.(『三國遺事』3, 塔像 溟洲五臺山寶叱徒太子傳記)

위 내용은 淨神王의 王子인 淨神太子 寶叱徒와 孝明太子가 무슨 이유
인지는 알 수 없으나 五臺山으로 숨었다가 國人의 추대를 받아 孝明太子
가 왕위를 계승하였는데 그가 聖德王이라는 것이다. 곧 위 기록은 성덕왕
의 즉위 과정을 언급한 것으로, 『삼국사기』와 일치하지 않아 기록의 신빙성
에 의문이 제기되고 있기도 하지만[3] 효소왕대 정국의 전개 과정을 보면
어느 정도 신빙성이 있다고 믿어진다.[4] 이에 필자는 위 사료를 통해 몇 가
지 문제를 찾아보기로 하겠다.
이 기록에 의하면 효소왕과 성덕왕의 즉위시 나이가 나와 있는데 효소는
16세였으며 성덕은 22세였다는 것이다. 그리고 효소가 10년 재위하였으니

---

3) 신종원은 이 설화가 성덕왕의 즉위 과정을 다룬 것으로 이해하였으나 (「五臺山 事蹟과
聖德王의 卽位背景」『崔永喜先生華甲紀念韓國史學論叢』, 探究堂, 1987 ; 「新羅初期
佛教史研究」, 고려대 박사학위논문, 1988.), 이기백과 김수태는 자료의 신빙성이 없다고
하였다.(李基白, 「浮石寺와 太白山」『三佛金元龍博士 停年紀念論叢』, 1987. 金壽泰,
앞의 논문, 1990.) 한편 김복순은 이 설화는 신라 下代의 일을 설명해 준다고 하였다.
『新羅 華嚴宗 研究』, 民族社, 1990.
4) 효소왕 즉위초의 불안정한 왕권, 그리고 말년의 귀족들의 반란을 비롯한 일련의 정치
상황 및 중대에 유일하게 國人에 의해서 성덕왕이 즉위하게 된 상황 등을 살필 때 이
설화의 내용처럼 왕위를 둘러싼 어떤 갈등이 있었던 것은 아닐까 여겨진다. 따라서 위
설화를 일단 신빙하는 입장에서 문제를 찾아보고자 한다. 金井珍도 五臺山事蹟을 성덕
왕의 즉위와 연결시켜 보고 있다.(「新羅下代의 五臺山信仰과 華嚴 結社」『伽山 李智冠
스님 華甲紀念論叢 韓國佛教文化思想史』, 1992, p.686.)

성덕보다 4세 연장자인 셈이다. 따라서 성덕왕이 효소왕의 同母弟라는『삼국사기』의 기록이 타당하다고 생각한다.[5] 그러나 이를 그대로 믿기에는 어려움이 있다.『삼국사기』에 의하면 위에서 살폈듯이 효소왕은 6세에 왕이 되어 10년간 재위하다 16세에 사망한 것으로 되어『삼국유사』의 기록과 10년의 차이가 있다. 어느 쪽 기록이 옳은가를 판단하기란 쉽지가 않지만 일단은『삼국사기』의 6세설을 지지하고 싶다. 그것은 다음과 같은 이유에서이다. 만약『삼국유사』의 기록대로 효소의 즉위시 나이가 16세였다면 효소는 신문왕 7년에 태어난 '元子'가 아님은 확실하며, 적어도 신문왕이 태자 시절에 얻은 왕자이어야 한다. 그리고 앞서 언급되었듯이 정치적 격변기였던 신문왕 초기에 태자 책봉을 서둘러 왕권을 안정시키는 것이 시급한 과제였을 터인데 구태여 늦게 태자 책봉을 하였을까 의문이기 때문이다.

그러면 왜『삼국유사』에서 효소의 즉위시 나이를 10년 올려 이야기하였을까 궁금해진다. 그것은 바로 효소의 뒤를 이어 왕이 된 성덕의 나이를 고려한 때문이 아닌가 한다. 즉 성덕의 즉위시 나이가 22세라는『삼국유사』의 기록이 어느 정도 타당성이 있다면 성덕왕의 나이는『삼국사기』에 근거한 효소왕의 나이보다 약 4세 연장이 되기 때문에 의도적으로 효소의 나이를 10년 정도 올려 잡은 것이 아닌가 한다.[6] 이러한 설명이 타당하다면 성덕왕은 효소왕보다 연장인 셈이 되고 효소왕의 이복형이 아니었을까 추측된다. 그리고 위에서 언급한 寶叱徒太子 역시 효소왕의 또 다른 이복형이 아니었을까 짐작된다. 이때 孝明 · 寶叱徒太子의 母가 누구인지 분명히 설명하기 어려우나 欽突의 딸 소생일 가능성도 전혀 배제할 수는 없다.[7]

---

5)『삼국사기』8, 성덕왕 즉위년.

6) 辛鍾元, 앞의 논문, pp.208-209.

7) 신종원은 이들 왕자들을 欽突의 딸 소생으로 단정하였으나(앞의 논문, pp.230-231.) 필

다만 여기서 분명한 것은 신문왕에게 효소왕과는 母系가 같지 않은 異腹兄弟들이 있었다는 점이다.[8] 따라서 이복형이 同母弟로 기록된 『삼국사기』의 기록에 문제가 있다고 본다.

이러한 상태에서 신문왕은 어린 元子가 태어난 후 元子의 권위를 고양시키려는 노력을 기울인 듯하다. 다음을 보자.

> 夏 4월 祖廟에 대신을 보내어 致祭하여 가로되 "王某(神文王)는 稽首再拜하고 삼가 太祖大王·眞智大王·文興大王께 아룁니다."(『三國史記』8, 神文王 7년)

이것은 잘 알려진 대로 五廟에 제사지낼 때의 祭文의 일부인데, 武列系의 왕위 계승을 정당화하려는 것으로 이해된다.[9] 그러나 元子의 출생 직후에 五廟에 제사지낸 것을 보면, 이 제사가 元子의 출생과 전연 무관하다고 할 수 없다. 이를테면 元子의 嫡統性을 人鬼로부터 보증받기 위해서가 아니었을까 한다.[10] 이는 앞장에서 살폈듯이 萬波息笛 설화가 어린 元子와 관련되고 있는 것에서도 알 수 있다.

신문왕은 이러한 노력을 기울여 어린 元子를 태자로 책봉하였다. 태자 책봉 과정에서 밀려난 이복 형제들은 그들의 생명을 보존하기 위해 서울에

자는 유보하고 싶다.
8) 한편 신종원은 성덕왕 즉위 후 성덕왕이 효소왕이 황복사탑의 金銅舍利函에 불상을 봉안한 것에 추가하여 舍利函에 불상을 봉안하였는데, 이는 봉덕사를 세워 그의 王位繼承에 정통성을 확립하려는 것과 마찬가지로 성덕왕의 出自가 효소왕과 달랐기 때문이라고 하였다. 앞의 논문, pp.229-230. 수긍할 만한 견해라 본다.
9) 五廟制에 대해서는 邊太燮, 「廟制의 變遷을 통해서 본 新羅社會의 發展過程」『歷史敎育』8, 1964.
10) 辛鍾元, 앞의 논문, p.218.

머무를 수는 없었을 것이다. 그것이 위의 寶叱徒와 孝明太子가 五臺山으로 은둔했다는 기사가 아닌가 한다.

이러한 갈등 속에 태자가 된 理洪은 다음해 신문왕이 죽자 왕위를 계승하였지만 정국은 적지 않은 파란이 예고되고 있었다. 효소왕 즉위초의 정치 상황을 잘 드러내주고 있는 것이 鄭恭 설화이다.

神文王이 죽고 孝昭王이 즉위하여 山陵을 닦고 장사지내는 길을 만드는데 정씨집 버드나무가 길을 막고 있어 有司가 베버리려 하자 鄭恭이 노해서 "차라리 내 머리를 벨지언정 이 나무는 베지 못한다"라고 하였다. 有司가 이 말을 왕에게 아뢰니 왕이 몹시 노해서 법관에게 명령하기를 "鄭恭이 王和尙의 신술만 믿고 장차 불손한 일을 도모하려 하여 왕명을 업신여기고 거역하며 차라리 제 머리를 베라고 하니 마땅히 제가 좋아하는 대로 할 것이다." 이리하여 그를 베어 죽이고 그 집을 흙으로 묻어버리고 조정에서 의논했다.

"王和尙이 鄭恭과 친하여 반드시 연루된 혐의가 있을 것이니 마땅히 먼저 없애야 한다."하여 병사들을 보내어 그를 잡아오게 하였다. 惠通이 王望寺에 있으면서 병사들이 오는 것을 보고 지붕에 올라가서 사기 병과 붉은 먹을 찍은 붓을 가지고 병의 목에 한 획을 그으며 말하기를 "너희들 목을 보아라." 하였다. 목에 모두 붉은 획이 그어져 있었다. 惠通이 말하기를 "내가 만약 이 병의 목을 자르면 너희들의 목이 잘라질 터인데 어찌하려느냐"하니 병사들이 물러 나와 왕에게 말하자 그대로 내버려 두게 하였다. (『三國遺事』5, 神呪 惠通降龍)

鄭恭이 신문왕의 장례 행렬을 가로막았다고 한다. 鄭恭은 여기에만 나타나 있을 뿐 『삼국사기』에는 전혀 언급되지 않은 인물이다. 그러나 惠通이 실존 인물이기 때문에 정공도 실존 인물로 생각할 수 있지만, 이 설화는 신문왕대를 전후한 신라 사회에 대한 상징성을 내포하고 있다. 이 설화는 양면적인 당시 상황을 보여주고 있다. 우선 정공에 대한 처단은 신문왕대 전제주의의 일단을 보여준다고 본다. 이를테면 마치 자기 집 앞의 버드나무를 사랑하여 그것을 못 자르게 하다가 처형되는 정공의 경우에서 전제 왕실에 비협조적이라 하여 처단된 귀족 세력의 모습을 보게 된다. 그러나 이 때 정공이 죽음으로써 저항했다는 것은 專制 왕권에 저항한 세력이 만만치 않았다는 것을 짐작케 한다.[11] 이 때에 정공과 친밀했던 惠通을 거세시키려는 왕실의 계획이 실패로 끝났는데 그것은 왕실의 전제주의가 철저하지 못한 결과였다. 곧 그만큼 전통 진골 귀족 세력의 기반이 강하게 온존하고 있었다고 하겠다. 따라서 효소왕 즉위초의 정국은 진골 귀족 세력의 움직임이 어느 정도 예견된다고 본다.[12] 다음을 보자.

> (前略)이 때 상서로운 구름이 天尊庫를 덮었다. 王은 또 놀라고 두려워하여 조사하게 하니 天尊庫 안에 있던 현금과 신적 두 보배가 없어졌다. 王이 "내게 어찌 복이 없어 어제는 國仙을 잃고 또 이제 玄琴과 神笛을 잃는단 말인가." 하였다. 王은 즉시 창고를 맡은 관리 김정고 등 5명을 잡아 가두었다.(『三國遺事』3, 塔像 栢栗寺)

효소왕 즉위 초에 神笛 곧 萬波息笛을 잃었다는 것이다. 萬波息笛은 이미 앞에서 언급되었다시피 태자 시절부터 효소왕과는 밀접한 관계를 맺고 있는 피리이다. 따라서 피리의 분실 사건은 단순한 분실 사건이 아니라 효소왕대의 정국이 심상치 않다는 것을 설명해 주는 것으로 보인다.[13] 이는

---

11) 金杜珍, 『義湘 - 그의 생애와 華嚴思想 -』, 민음사, 1995, pp. 381-382.
12) 신종원은 鄭恭 설화는 효소왕의 왕위 계승 과정에서 나타난 마찰이라고 하였다. 앞의 논문, p.224.

만파식적을 분실한 효소왕의 태도가 매우 황망한 데서도 느낄 수 있다고 본다. 따라서 만파식적의 분실은 효소왕 즉위 초의 불안정한 상황을 반영한 사건으로 생각된다. 만파식적 분실과 함께 후술되는 효소왕이 임명한 國仙 夫禮郎의 실종 사건 역시 효소왕권의 불안정함을 나타내 준다고 본다.

이처럼 효소왕 즉위초의 정국이 불안정하게 전개된 이유는 무엇일까. 그 것은 앞서 언급한 바와 같이 신문왕의 정책에 반대한 세력들이 상당히 존 재해 있었다는 점을 우선 지적해야 하겠다.[14] 더구나 효소왕은 6세의 어린 나이로 왕이 되었기 때문에 독자적으로 정국을 운영할 능력은 갖고 있지 못하였다. 이 문제와 관련하여 효소왕의 경우 그가 이처럼 나이 어려 왕이 되었음에도 불구하고 그의 母后인 신목왕후의 섭정 기록이 보이지 않는 것 이 관심을 끈다. 실제 섭정이 있었는데도 기록에서 누락된 것인지,[15] 아니 면 太后의 섭정이 이루어지지 못한 것인지 궁금하다. 혜공왕의 경우 8세의 어린 나이에 왕이 되었을 때 태후의 섭정이 있었으며, 태후가 唐으로부터 王大妃 冊封까지 받고 있었다. 따라서 효소왕의 경우에도 만일 太后의 섭 정 사실이 있었다면 기록에 응당 나타났으리라 생각되는데, 기록에 보이지 않는 것은 실제 섭정 사실이 없었기 때문이라고 생각한다.[16] 그렇다면 왜 太后의 섭정이 이루어지지 않았을까. 여기서 잠깐 생각되는 것은 太后의

---

13) 김수태는 萬波息笛의 분실은 神文王權에 도전한 진골 귀족의 움직임을 상징적으로 보 여준 사건이라고 하였다. 앞의 논문, pp.48-49.

14) 김수태, 앞의 논문, p.49.

15) 이제까지의 모든 연구는 효소왕의 母后인 신목왕후의 攝政을 전제로 설명하고 있다. 金壽泰, 앞의 논문, p.45. 金英美,「聖德王代 專制王權에 대한 一考察」『梨大史苑』22 ·23합, 1988, p.377.

16) 진흥왕과 혜공왕처럼 나이 어려 왕이 된 경우 太后의 攝政 기록이 분명히 나타나 있 다.(『삼국사기』4, 진흥왕 즉위년 및 『삼국사기』9, 혜공왕 즉위년) 그럼에도 유독 효소 왕의 경우 太后 攝政 기록이 보이지 않는 것은 기록의 不備로만 볼 수는 없게 한다.

섭정은 외척 세력이 어느 정도 강하게 형성되어 있는 경우에 가능한 문제가 아닐까 한다.[17] 따라서 신목왕후의 세력기반 자체는 그렇게 강하다고 보기 어렵다. 그녀의 父인 金欽運은 이미 오래 전 백제와의 전쟁에서 전사하였기 때문에 그녀의 가문이 정치력을 행사하였다고 보기 어렵다. 결국, 효소왕을 뒷받침해주는 외척 세력은 형성되어 있지 못하였고, 때문에 신목왕후의 섭정도 이루어지지 못하였다고 생각된다.

그러면 당시 효소왕권의 지지 기반은 어떤 세력이었을까 궁금해진다. 먼저 金愷元과 金三光, 文穎 등이 주목된다. 그것은 이들이 신목왕후 곧 효소왕의 모후를 맞아들이는데 중요한 역할을 수행하였다는 점에서 알 수 있다.[18] 愷元과 文穎은 각각 효소왕 3년과 4년에 상대등의 지위에 있었다. 특히 개원이 효소왕과 연결되었다는 것은 그가 일련의 개혁 정책을 추진했다고 하는데서 알 수 있다. 다음을 보자.

a. 제자 志誠은 聖世에 태어나 높은 관직을 역임하였으며, 지략이 없이 세상을 바로잡으려다 겨우 형벌을 면하였다.(『韓國金石全文』, 「彌勒菩薩造像記」)

b. 엎드려 바라건대, 이 작은 정성으로 위로는 國主大王이 장수와 만복을 누리게 하며, 愷元 이찬공께서도 괴로움의 세상에서 벗어나 남이 없는 妙果를 증득케 하였다.(上同)

이는 執事侍郎을 지낸 바 있는 金志誠이[19] 돌아가신 부모를 위해 감산

---

17) 혜공왕의 경우 외척 세력이 강하게 버티고 있었다.

18) 金壽泰, 앞의 논문, pp.51-53.

19) 金志誠이 집사시랑을 역임했다고 하는 것은 아미타상의 기록을 통해 알 수 있다. "현명한 자질을 갖추어 궁중에 벼슬을 가진 즉 왕을 받드는 상사봉어가 되었고 鷄林에서 머뭇거려 벼슬을 가진 즉 집사시랑이라는 중임을 맡았다."(『韓國金石全文』 阿彌陀佛

사에 石阿彌陀像과 石彌勒像을 봉안하였는데, 이 가운데 彌勒像에 있는 내용이다. 여기서 관심을 끄는 것은 a에 보이는 "세상을 바로잡으려다 형벌을 받을 뻔했다."는 부분이다. 그가 일련의 개혁정책을 추진하였고, 그 과정에서 반대 세력의 반발로 제거되었다는 것이다. 여기서 그가 언제 누구와 어떠한 개혁을 추진하려 하였는가 궁금하다. 그것은 b의 "愷元 이찬께서도 괴로움의 세상에서 벗어나"에서 찾을 수 있다고 본다. 즉, 김지성이 개원의 복을 빌고 있는 것은 그것이 의례적인 서술이라고 할 수 있어 두 사람의 관계를 살피는 데 어려움이 있지만 김지성이 활동하던 때가 개원의 활동 시기와 관련이 있다는 점, 그리고 김지성이 의례적이라고는 하나 하필 개원의 복을 비는 것으로 나타난 점도 두 사람이 어떤 형태로든지 관계가 있다고 본다. 그런데 개원은 신문왕·효소왕대 왕권의 중요한 지지 기반으로, 지성이 추진하려 했다는 개혁은 바로 개원과 함께 추진한 것임을 말해준다고 본다.[20]

한편, 효소왕의 지지세력으로 沙梁部 세력을 주목할 수 있다.

> 夫禮郎을 봉하여 大角干을, 아버지 大玄 살찬은 太大角干을, 어머니 용보부인은 沙梁部의 鏡井宮主를 삼았다.(『三國遺事』3, 塔像 栢栗寺)

이는 다시 살피겠지만, 夫禮郎이 만파식적과 함께 실종되었다가 돌아오자 부례랑에게 대각간을, 父에게 태대각간을, 母에게 沙梁部의 경정궁주를 삼았다는 것이다. 부례랑은 효소왕이 國仙으로 삼은 인물로,[21] 효소왕과

造像記)
20) 文明大, 「新羅 法相宗의 성립 문제와 그 美術(上)」 『歷史學報』62, 1974, p.88. 김수태도 효소왕대에 개원, 지성 등이 추진한 일련의 개혁을 가리킨다라고 하였다. 앞의 논문, p.55.

밀접한 관계를 가지고 있다고 본다. 그것은 그가 실종되었을 때 효소왕이 매우 당황한 모습을 보이고 있는 점, 그리고 부례랑이 돌아왔을 때 위에서처럼 부례랑 가족에 대하여 높은 관직을 주고 있는 데서 알 수 있다. 그런데 부례랑의 母를 沙梁宮主로 삼았다는 데서 부례랑과 사량부가 어떤 관련이 있다고 믿어진다. 곧 사량부의 어떤 세력과 부례랑이 관련되어 있다고 하겠다. 그렇다면 이는 사량부 출신이 효소왕의 지지세력이 되었다고 볼 수 있지 않을까 한다.[22] 사량부와 효소왕이 관계가 있으리라는 것은 사량부와 김유신의 관계에서도 확인할 수 있다. 김유신 家系는 신라 지배층에 흡수되면서 사량부에 편입되어 있었다.[23] 이를테면 사량부와 김유신 가문이 관계가 있다는 것이다. 당시 김유신은 김춘추와 결합하여 중대 왕권을 성립시키고 있었다. 따라서 중대에 들어 사량부의 위치는 강화되고 있었다고 본다. 여기서 효소왕대 왕의 지지 기반인 三光이 김유신의 長子라는 점을 고려하면 사량부, 김유신 가문, 효소왕측이 서로 연결된다고 본다.

결국 효소왕은 이들의 지지를 바탕으로 즉위초의 혼란을 수습하고자 하였다. 그러면 효소왕은 이 난국을 어떻게 극복하고자 하였을까. 우선 반대 세력에 대한 회유책을 폈다고 생각된다. 다음을 보자.

> 王女가 갑자기 병이 났다. (孝昭)王은 惠通을 불러서 치료하게 하였더니 병이 나았으므로 王이 기뻐하였다. 惠通이 이를 보고 "鄭恭은 毒龍의 해를 입어서 죄없이 국가의 형벌을 받았습니다."하니, 王이 듣고 마음 속으로 후회하였다. 이에 鄭恭의 妻子에게는 죄를 면하게 하고 惠通

---

21) 국선은 화랑의 우두머리이다. 李鍾旭, 「新羅 花郎徒의 편성과 組織 變遷」『新羅文化財 學術發表會 論文集』10, 1989, pp.251 - 252.

22) 金壽泰, 앞의 논문, pp.50 - 51 및 辛鍾元, 앞의 논문, p.251 - 252.

23) 李文基, 앞의 논문, pp.50 - 51 및 辛鍾元, 앞의 논문, p.223.

을 國仙으로 삼았다. (『三國遺事』5, 神呪 惠通降龍)

이는 앞서 인용한 바 있는 惠通降龍條의 이야기인데, 효소왕의 정책에 반발하다 처형된 정공의 명예를 회복시켜 주고 있는 사실이 주목된다. 이 사실은 효소왕이 그의 정책에 반대한 이유로 제거하였던 세력을 다시 끌어 안으려 한 것으로 생각된다. 이처럼 효소왕이 반대 세력을 회유하려고 한 것은 6년 9월에 臨海殿에서 群臣들에게 연회를 베풀었다고 하는 데서도 짐작할 수 있다. 말하자면 群臣들에게 연회를 베풀어 그들을 끌어안으려 하였다.[24] 아울러 효소왕은 만파식적을 이용하여 왕권을 안정시키려는 노력을 하였다. 즉, 분실된 만파식적을 되찾은 후 '만만파파식적'이라 책호하였더니 彗星이 사라졌다는 것에서[25] 대체적인 모습을 알 수 있다. 동시에 唐과의 외교관계를 회복하여 대외적인 측면에서 정국의 안정을 꾀하려고 하였다. 다음을 보자.

長壽 元年 壬辰에 효소왕이 즉위하여 처음으로 望德寺를 세워 唐나라 帝室의 복을 받들려 하였다. (『三國遺事』5, 咸通 眞身受供)

효소왕이 즉위하자마자 당나라 帝室의 복을 빌기 위해 망덕사를 세웠다는 것이다. 그러나 망덕사 창건은 문무왕대 또는 신문왕 5년의 일이라고 한다.[26] 어느 것이 옳은지 알 수 없으나 『삼국유사』문무왕조에 보면, 문무왕대 唐軍이 침공해 오려 하자 四天王寺를 세워 문두루비법을 講하면 당군을 물리칠 수 있다는 明朗의 뜻을 따라 임시로 壇을 만들었는데, 後日

---

24) 申瀅植, 앞의 논문, p.131의 주51 참조.

25) 『삼국유사』3, 塔像 栢栗寺條.

26) 『삼국유사』1, 紀異 문무왕 法敏條와 『삼국사기』8, 신문왕 5년

唐使에게 唐帝의 복을 비는 사천왕사가 있다고 하고 唐使에게 새로 지은 절로 안내하니, 唐使가 이 절은 사천왕사가 아니라 망덕요산의 절이라 하였다 하므로 새 절 이름을 망덕사라 하였다 한다.[27] 요컨대 망덕사는 문무왕대에 唐使를 속이기 위한 절인 셈이다. 따라서 망덕사가 효소왕대에 세워졌다고 말하기 곤란하다.[28] 하지만 효소왕대에 세워졌다는 위 기록은 사실 여부를 떠나 다음의 사실을 시사해 준다. 하나는 망덕사가 효소왕과 관계가 있지 않나 한다. 그것은 효소왕의 무덤이 망덕사 동쪽이었다는 점에서 짐작된다.[29] 또한 망덕사는 당과도 관계가 있는 절이 아닌가 한다. 이를테면 비록 唐使를 속이기 위한 것이었다고는 하나 唐帝의 복을 벌었던 절이라는 점이 어떤 관련성을 느끼게 한다. 때문에 효소왕이 친당정책을 표방하면서 자연스러이 이 절을 唐 帝室의 복을 비는 사찰로 지정하였을 가능성은 충분히 있어 보인다. 어쨌든 효소왕이 망덕사를 세웠다는 기록은 신라가 당과의 관계 회복에 상당히 신경을 쓰고 있음을 알 수 있다. 나·당 전쟁으로 악화된 양국 관계가 신문왕 때 차츰 회복되고 있었는데, 이제 그것이 더욱 발전되었음을 알 수 있다. 이러한 신라측의 노력은 마침내 효소왕 8년에 이르러 마침내 30여 년이나 중단되었던 조공을 하기에 이르렀다.[30] 당에서도 효소왕의 친당정책을 높이 평가하고 있었다고 생각된다.

> 唐主 則天이 孝昭王의 승하함을 듣고 애도식을 거행하기 위해 조회를 이틀간이나 중지하고 使臣을 보내어 조문하였다.(『三國史記』8, 聖德王 즉위년)

---

27) 『삼국유사』2, 紀異 문무왕 法敏條.
28) 『삼국유사』2, 紀異 문무왕 法敏條에 의하면 '효소왕대의 設은 잘못이다'고 되어있다.
29) 『삼국사기』8, 효소왕 11년.
30) 申瀅植, 「統一新羅의 對唐關係」『韓國古代史의 新研究』, 一潮閣, 1984, p.328.

당에서 효소왕이 죽자 조회를 이틀씩 파하면서 애도를 표했다는 것은 매우 이례적인 것으로 생각된다. 이것은 효소왕대에 전개된 일련의 對唐외교의 결과라 생각된다. 이와 같이 효소왕대에 대당외교가 즉위초부터 활발하게 펼쳐진 것은 당과의 외교적 마찰을 피하려는 의도도 없지 않지만, 당시 효소왕이 당의 권위를 빌어 그들의 정권을 안정적으로 유지하려는 의도가 보다 중요하게 깔려 있다고 생각된다.[31]

그러나 효소왕이 추진한 정국 안정책은 성공적으로 추진되지 못하였다고 생각된다. 그것은 志誠이 형벌을 받을 뻔했다거나, 개원에게 괴로움의 세상에서 벗어나기를 빈다는 것 등에서 생각할 수 있다. 이와 같이 개혁이 뜻대로 이루어지지 않은 것은 그만큼 반대 세력이 강하게 형성되어 있었기 때문이라고 하겠다.

2. 貴族勢力의 對應과 王權 弱化

앞절에서 언급되었듯이 효소왕은 나이가 어려 즉위한데다, 그의 지지세력이 미약하여 당시 정국을 완전히 장악한 것 같지 않다. 그것은 만파식적의 분실에서도 느낄 수 있고, 특히 개원과 志誠이 추진한 일련의 개혁정책이 뜻대로 추진되지 않고 오히려 志誠이 죽음을 당할 뻔했다거나 개원이 고통스러워했다는 것에서 헤아릴 수 있다.

효소왕의 정국 운영을 반대한 세력들을 하나씩 검토하기로 하자. 먼저

---

31) 金壽泰, 앞의 논문, p.60.

앞 절에서 잠깐 살핀 鄭恭의 존재를 주목할 수 있다. 정공의 실체가 구체적으로 무엇인지 말할 수 없으나, 그의 언행으로 미루어 신문왕 그리고 효소왕의 왕권에 저항한 귀족 세력임이 분명하다고 생각된다. 정공 외에도 反孝昭的인 세력을 더 찾아볼 수 있다.

> 天授 3년 壬辰 9월 7일에 孝昭王은 大玄 살찬의 아들 夫禮郞을 國仙으로 삼았고, 珠履가 1천여 명이나 되었는데 安常과는 무척 친했다. 天授 4년 癸巳 3월에 夫禮郞은 무리들을 거느리고 金蘭에 놀러 갔는데 北溟의 경계에 이르러 狄賊에게 사로잡혀 갔다. (『三國遺事』3, 塔像 栢栗寺)

효소왕대에 國仙에 임명된 부례랑이 낭도들과 金蘭에 놀러 갔다가 실종되었다는 것이다. 금란은 현재 강원도 고성, 통천 지역으로 여겨지는데,[32] 이 기록은 화랑들의 遊敖의 모습을 보여 주는 것으로 생각된다.[33] 하지만 우리가 여기서 관심을 갖는 것은 왕이 임명한 화랑의 실종 사실에 대해서이다. 왕이 임명한 화랑이 실종되었다는 것은 단순한 화랑 개인의 실종문제가 아닌 다른 정치적 요인이 내포되어 있는 것은 아닌가 한다. 즉, 부례랑의 실종 사실은 부례랑의 國仙 임명에 불만을 품은 세력이 부례랑이 멀리 나가 있는 것을 이용하여 일으킨 일이거나, 아니면 北溟의 경계에 있었던 효소왕의 정책에 반대하던 세력들이 일으킨 일이라고 생각할 수 있다.[34] 이 문제와 관련하여 다음을 보자.

---

32) 辛鍾元, 앞의 논문, p.223.
33) 三品彰英, 李元浩譯 『新羅 花郞의 硏究』, 集文堂, 1995, pp.117 - 120.
34) 辛鍾元은 毛梁部 세력이 반대 세력으로 존재하였다고 하였다. 앞의 논문. p.223.

孝昭王이 그 말을 듣고 명령하여 毛梁里 사람으로 벼슬에 오른 자는 모조리 쫓아내어 다시는 관청에 붙이지 못하게 하였을 뿐 아니라 僧衣도 입지 못하게 하였다. 만일 중이 된 자라도 종을 치고 북을 울리는 절에는 들어가지 못하게 하였다. 칙사가 간진의 자손을 올려서 枰定戶孫을 삼아 남달리 표창했다. 이때 圓測法師는 海東의 高僧이었지만 毛梁里 사람인 때문에 僧職을 주지 않았다. (『三國遺事』2, 紀異 孝昭王代 竹旨郞)

이 내용은 효소왕이 毛梁里人들을 등용치 말라는 것으로, 그것은 죽지랑의 낭도인 得烏에게 毛梁部의 益宣 아간이 사사로이 부역을 시키고 고집을 피우며 소란을 피웠다는 이야기를 효소왕이 들었기 때문이었다 한다.[35] 원래 익선의 이야기는 효소왕대가 아닌 진평왕대의 사실로 추측되는데 이제 새삼스러이 효소왕이 그것을 빌미 삼아 毛梁里人들을 배척했다는 것은 언뜻 이해되지 않지만 中古末의 상황을 통해서 짐작할 수 있다. 즉 中古시대에 박씨 왕비족의 존재가 주목되는데 바로 박씨 왕비족과 毛梁部가 연결되고 있다.[36] 따라서 中古 시대에는 박씨족의 세력이 강하게 대두되고

---

35) 『삼국유사』 죽지랑조의 기록이 어느 시대의 사실인가에 대한 의견은 크게 나누어져 있다. 즉, 삼국유사의 내용대로 효소왕대 사실의 반영이라는 견해와, (李弘稙, 「三國遺事 竹旨郞條 雜攷」『韓國古代史의 硏究』, 1971, p.525.) 진평왕 말년에서 선덕왕 초기의 사실의 반영이라는 견해가 있다.(李鍾旭, 「三國遺事 竹旨郞條에 대한 一考察」『韓國傳統文化 硏究』2, 1986, p.209.) 그러나 효소왕대에 이르러 모량부에 대한 구체적인 배척이 이루어진 것으로 미루어 이 사실은 효소왕이 과거 모량부 출신의 비행을 문제 삼으면서 나온 것이라고 여겨진다.

36) 毛梁部와 박씨의 관련은 中古時의 박씨 왕비족이 모량부 출신이라는 점에서 생각할 수 있다. 지증왕비 박씨 延帝夫人이 모량부 출신이고, 진흥왕비 박씨 思道夫人이 모량부 英失角干의 딸이었다. 아울러 진평왕의 後妃로 나와 있는 손씨 僧滿夫人이 주목되는데 그녀가 후비라는 표현이 있는 것으로 보아 왕비임은 분명하다. 그런데 당시 왕비족으로 박씨가 있었고 손씨는 6두품으로, 6두품 신분이 왕비가 되었다고는 생각되지 않는다. 따라서 승만부인 손씨는 손씨가 아니라 박씨일 가능성이 높다고 본다. 왜냐하

있었다고 본다. 바로 그러한 박씨의 모습을 보여주고 있는 것이 익선의 횡포가 아닌가 한다. 그러나 김유신이 속한 沙梁部가 中代에 들어 세력이 성장하면서 모량부 세력은 상대적으로 위축되고 있었다고 본다. 말하자면 沙梁部 세력이 효소왕을 지지하였을 때 모량부의 세력은 효소왕의 정치에 반대하는 입장이었던 것은 아닐까 한다. 물론 도식적으로 사량부의 모든 정치세력은 효소왕의 지지세력이고, 모량부는 그렇지 않다는 것은 아니나 두 세력으로 상징되는 정치 세력들이 서로 대립되는 위치에 있었던 것은 분명하다고 생각된다.[37] 이때 구체적으로 모량부의 정치 세력을 찾기란 쉽지 않은데 中古末의 모량부와 朴氏 집단의 관계가 중대에까지 연장되고 있는 것은 아닌가 하는 것이다. 이러한 연결이 가능하다면 효소왕대 모량부의 반발을 통해 다음의 설명도 나올 수 있다고 본다. 박씨족은 중고에는 왕비족으로서 상당한 정치 세력을 형성하였지만[38] 중대에 들어오면서 舒輪系와 金庾信系의 결합으로 그들의 지위는 그만큼 약화되고 있었다고 생각된다. 이러한 경향은 신문왕대에 들어 심화되어 갔다고 생각된다.[39] 이에 박씨 세력의 불만은 커져갔고, 효소왕측에서도 이들 세력을 견제하려 했다고 보며,[40] 그것이 위의 기록이 아닌가 한다. 이를테면 박씨 세력은 중대 왕권 성립 과정에서 반발한 세력이라고 말할 수 있겠다.

이러한 반발을 효소왕은 정공과 모량부의 경우에서 알 수 있듯이 힘으로

면 손씨는 모량부와 관련이 있기 때문이다. 졸고, 「新羅 眞平王代 政治勢力의 推移」 『全南史學』2, 1988, p.8.

37) 辛鍾元, 「斷石山 神仙寺 造像銘記에 보이는 彌勒信仰 집단에 대하여」 『歷史學報』 143, 1994, pp.19 - 20.

38) 辛鍾元, 위의 논문, p.15.

39) 신문왕은 왕족인 개원과 김유신의 아들인 삼광 그리고 문영 등과 연계되어 왕권을 강화하고 있었다.

40) 효소왕측이 沙梁部 세력을 끌어들여 세력을 강화하려 한 것에서 알 수 있다.

제압하면서 다른 한편으로는 惠通의 경우에서 알 수 있듯이 반대 세력을 포용하면서 정국을 이끌어 나갔다. 하지만 반발 귀족 세력들의 힘은 더욱 커지고 있었다.

　　a. 흰 기운이 하늘에 뻗치었고 彗星이 東方에 나타났다.(『三國史記』8, 孝昭王 8년)
　　b. 秋 7월 東海의 물이 혈색이 되었다가 5일만에 복구되었다.(上同)
　　c. 9월에는 東海의 물이 서로 싸우는 소리가 王都에까지 들렸으며 兵器庫 안의 鼓角이 저절로 울었다.(上同)

효소왕 8년에 보이는 일련의 기이한 현상에 대한 것이다. 고대 사회에서 자연 현상이 당시 사회 현상의 반영임을 상기하면 예사로이 넘겨 버릴 수 없는 문제라고 생각한다. 특히 바로 이듬해에 효소왕권을 흔드는 커다란 반란 사건이 일어났다는 점을 고려하면 더욱 그러하다. 즉, 위 기록에서 혜성의 출현은 불안한 정치 상황을 반영해 주며,[41] 동해의 물이 서로 싸웠다는 것은 당시 정치 세력간의 각축이 있었다는 것을 상징해 준다고 본다. 특히 병기고 안의 鼓角이 저절로 울었다는 것은 그 각축이 군사적인 충돌에까지 이르렀다는 것을 말해주는 것은 아닐까 한다.[42] 다음을 보자.

　　a. 夏 5월 이찬 慶永이 모반하여 伏誅되었다. (『三國史記』8, 孝昭王 9년)
　　b. 中侍 順元이 연좌되어 파면되었다.(上同)

---

41) 신종원은 혜성의 출현이 왕위에 대한 위협과 관련이 있는 것으로 보았다. 앞의 논문, p.220. 김수태도 같은 생각을 가지고 있다. 앞의 논문, p.65.
42) 金壽泰, 앞의 논문, p.67의 주55 참조. 이러한 것은 효소왕 8년의 혜성 출현에서도 짐작할 수 있다.

c. 6월 歲星이 달을 침범하였다.(上同)

이찬 경영이 모반을 꾀하다 복주되었다는 것이다. 이때 이찬 경영이 누구인지 왜 난을 일으켰는지 알 수 없지만 순원이 그 난에 연좌되었다는 사실에서 대략을 짐작할 수 있다. 순원은 효소왕 7년에 幢元의 뒤를 이어 中侍가 된 인물이다. 그리고 그는 후일 성덕왕 때 완성된 황복사탑을 만드는 책임자였을 뿐 아니라 그의 딸을 성덕왕의 왕비로 삼게 한 성덕왕대의 최고 실권자의 한 사람이었다.[43] 성덕왕은 효소왕과는 出自가 다를 뿐 아니라 후술되지만 효소왕권에 반대한 세력들이 옹립하였다는 것을 고려하면 김순원의 성격은 親효소왕측의 인물이라고 보기 어렵다. 이러한 성격을 가진 김순원이 中侍로 등장하고 있는 것은 이제 반대 세력의 힘이 왕권이 제어하기 힘들 정도로 성장함을 말해 주는 것이 아닌가 한다. 이들의 도전으로 정국은 불안정한 모습을 띠게 된다. 그것이 바로 위의 자연 현상으로 나타났다고 생각된다.

이때 반대 귀족 세력들은 마침내 효소왕과 연결된 세력을 제거하고자 난을 꾀하였다고 본다. 그것이 위의 모반 사건인데,[44] 반란은 성공하지 못하였다. 그것은 아직 왕권을 등에 업은 정치 세력의 힘이 남아 있기 때문이라고 생각된다. 그러나 비록 반란은 실패하였지만 반란을 꾀한 反효소의 세력은 상당히 신장되어 있었다고 여겨진다. 이러한 점은 김순원이 경영의

---

43) 김순원에 대해서는 本書 3장 참조
44) 한편 김수태는 경영의 모반은 진골 귀족 세력에 대항하여 왕당파 세력이 일으킨 것이라고 살폈다. 앞의 논문, pp.66 - 67. 반면 김영미는 경영의 모반은 신문왕의 왕자들 혹은 왕자를 옹립하고 권력을 장악하려는 세력들에 의한 것이라고 보았다. 「統一新羅時代 阿彌陀 信仰의 歷史的 性格」『新羅 彌陀淨土思想 研究』, 民族社, 1988, p.156 의 주106.

모반 사건에 연루되었음에도 伏誅하지 못하고 단순히 파면 조치만 내렸다는 데서 알 수 있다. 이는 신문왕 즉위초에 있었던 김흠돌의 亂 때 상대등을 역임한 이찬 김군관이 모반을 신고하지 않았다 하여 伏誅된 것과 비교하면 큰 차이가 난다.[45]

어쨌든 이제 반효소 세력들은 본격적으로 그들의 힘을 형성해 갔다고 본다. 이들 세력으로 김순원을 우선 들 수 있다. 동시에 성덕왕의 첫째 왕비였던 엄정왕후의 父인 김원태도 당연히 이들 세력에 포함될 수 있겠다. 또한 박씨 세력을 포함한 毛梁部 세력도 반효소왕 세력으로 생각된다. 이처럼 이들 세력이 점차 대두하면서 효소왕측은 정국을 전개하는데 상당한 부담을 느꼈던 것 같다.

이러한 상황에서 효소왕의 母后인 神穆王后가 죽었다. 그녀는 효소왕 9년 6월 1일에 죽었다고 한다.[46] 곧, 반란 사건이 있은 직후에 죽었던 것이다. 따라서 반란 사건이 그녀의 죽음에 어떤 영향을 주었던 것은 분명하다고 생각한다.[47] 다시 말해 신목왕후는 그녀의 세력이 미약하여 효소왕에게 힘이 되지 못함을 적지 않게 한탄하다 사망하지 않았나 한다. 이러한 상황은 어린 효소왕에게 큰 부담으로 작용한 것 같다.

新羅의 사신 살찬 金福護의 표에서 말하기를 "우리 임금이 불행히 지난 가을부터 병이 들어 올봄에 돌아가셨다."라고 하였다.(『續日本紀』3, 文武天皇 大寶 3년)

---

45) 金英美, 위의 논문, p.156의 주 106.
46) 다음 장에서 다룰 皇福寺金銅舍利函銘文에 신목왕후는 聖曆 3년, 곧 효소왕 9년 6월 1일에 죽었다고 한다.
47) 辛鍾元, 앞의 논문, p.228.

『삼국사기』에는 효소왕이 재위 11년 되던 해 7월에 죽었다고만 되어 있으나,[48] 日本측 기록에는 이처럼 비교적 자세히 효소왕의 죽음에 대해 언급하고 있다.[49] 이에 따르면 효소왕이 지난 가을에 병이 들어 올봄에 돌아가셨다고 하여 상당히 오랜 동안 병석에 있었음을 알려준다. 효소왕이 이처럼 오랜동안 병석에 있었다는 것은 아무래도 단순히 생각할 수만은 없게 한다. 말하자면 경영의 난으로 상징되는 효소왕권에 반발하는 움직임 등은 효소왕에게 큰 부담이 되었고 거기에 영향을 받아 그의 母까지 병으로 사망한 것은 더욱 충격이었다고 여겨진다.

그런데 앞서 인용한 오대산보질도태자전기에 의하면 정신태자 보질도의 아우 副君이 왕위를 다투다가 죽음을 당하자 장군들이 孝明을 王으로 옹립했다고 한다.[50] 정신태자 보질도는 신문왕의 아들로 추측되는데 그렇다면 신문왕에게는 보질도 태자와 성덕왕이 된 孝明 외에 또 다른 왕자가 있다는 것을 알 수 있다. 부군이 효소왕과 왕위를 다투었다는 것은 효소왕 말년의 일로 효소왕말의 복잡한 정국을 암시해 주고 있다고 본다. 만일 위의 사실이 당시를 반영한 것이라면, 효소왕말에 왕권에 대한 부군의 도전이 있은 셈인데, 이미 살핀 바처럼 효소왕 9년에 경영의 모반사건이 있었다. 따라서 보질도 태자의 아우인 부군의 모반이 경영의 모반사건과 같은 것인지, 아니면 경영의 난 후에 별도로 일어난 사건인지 잘 알 수 없지만 효소왕의 반대 세력들이 효소왕의 이복 형제를 옹립하려고 한 것은 분명하다.

---

48) 『삼국사기』8, 효소왕 11년 7월.
49) 그런데 일본측의 이 기록은 왕이 죽은 해가 실제보다 1년 늦는 등 연대의 신빙성에 문제가 있다는 의견도 있지만(辛鍾元, 앞의 논문, p.221.) 당시 상황을 반영해 주고 있음은 분명하다.
50) 신종원은 효소왕은 副君이 왕권에 도전했을 때 죽음을 당했다고 하였다. 앞의 논문, p.238.

결국 이러한 상황을 효소왕은 감당하지 못한 채 병을 얻게 된 것 같다. 그리고 효소왕이 죽자 반효소왕 세력들은 오대산에서 은둔하고 있던 왕자 가운데 효명으로 생각되는 왕자를 왕으로 추대하였던 것이다.[51]

결국 성덕왕의 즉위는 신문·효소왕대의 정국 운영 과정에서 비교적 소외된 세력들이 아직 효소왕이 나이 어려 정국을 주도하지 못한 틈을 이용하여 세력을 결집하면서 효소왕의 이복 형제를 옹립하는 과정에서 이루어진 것이라고 하겠다.

이제까지 효소왕대의 정국을 귀족 세력의 갈등을 중심으로 살펴 보았다. 요약하면 다음과 같다.

신문왕은 五廟에의 제사 및 만파식적 설화를 통해 4세의 어린 元子인 理洪의 嫡統性과 권위를 강조하면서 太子 책봉을 하였다. 그러나 태자 책봉 과정에서 이복 형제를 추대하는 세력과의 갈등 및 정공으로 상징되는 신문왕권에 도전하는 세력의 움직임이 나타났다. 이는 효소왕이 즉위하여 정국을 운영하는 데 부담으로 작용하였는데, 그것은 효소왕과 밀접한 관계에 있었던 만파식적이 분실되고 국선 부례랑이 실종된 사실에서 확인할 수 있다. 이때 효소왕은 김유신 세력, 왕족인 김개원, 그리고 沙梁部 세력의 지지를 바탕으로 반대 세력을 회유하면서 일련의 개혁 정책을 통해 위기를 극복하려 하였으나, 효소왕이 나이 어린 데다 그를 뒷받침하는 외척세력이 미약하여 강력한 왕권을 행사할 수 없었다.

이때 沙梁部 출신 國仙의 실종, 박씨 귀족으로 상징되는 毛梁部 세력의 동향을 통해 반대 세력이 강력하게 존재했음을 확인하였다. 이들은 그동안

---

51) 辛鍾元, 앞의 논문, p.245.

정국에서 소외된 세력들로 경영, 순원 등이 포함되어 있었다. 이들의 반발로 효소왕대의 정국은 급박하게 전개되었는데, 이를 수습하기 위해 순원을 中侍로 임명하는 등 회유책을 펼치기도 하였다. 그러나 효소왕측의 의지대로 정국은 전개되지 않은 채, 경영의 모반 사건이 일어나는 등 반대 세력의 반발은 더욱 표면화되었다. 이것은 신목왕후의 죽음을 가져왔으며 나아가 효소왕은 정국 주도권을 상실하고 이복형을 추대한 세력에게 왕위를 내주었다. 이제 왕권은 귀족 세력의 영향을 크게 받게 되었다고 여겨진다.

제3장 聖德·孝成王代 貴族勢力의 推移

성덕왕대와 효성왕대는 신라 中代 정치사를 이해하는데 중요하게 여겨지는 시기이다. 성덕왕대에는 비교적 오랜 동안 왕권이 안정기를 구가하였다면,[1] 효성왕대는 짧은 재위 기간 동안 왕비의 교체 및 모반 사건이 빈번하여 왕권이 불안정한 때였다.[2] 그렇다면 왜 성덕왕대의 안정적인 왕권이 효성왕대에 갑작스럽게 불안정하게 되었는가 하는 의문을 갖게 되는데, 이에 대한 해명은 中代 정치사를 파악하는데 매우 중요하다고 생각된다.

그 동안 이 시대에 대한 관심은 상당하여 당시를 이해하는 폭을 넓혀주었지만 남겨진 문제가 적지 않다.[3] 가령, 성덕왕은 中代 유일하게 國人 곧

---

1) 李基白,「統一新羅와 渤海의 社會」『韓國史講座』(古代篇), 一潮閣, 1982.
2) 졸고,「新羅 孝成王代 政治勢力의 推移」『歷史學研究』12, 1993.
3) 성덕왕대의 정치 상황을 이해하는 데는 다음의 논문이 참고된다.
  李昊榮,「新羅 中代 王室과 奉德寺」『史學志』8, 1974.
  浜田耕策,「新羅 聖德王代神鐘と中代の王室」『响沫集』3, 1980.
  金英美,「統一新羅 阿彌陀信仰의 歷史的 性格」『新羅 彌陀淨土思想研究』, 民族社, 1988.
  金英美,「聖德王代 專制王權에 대한 一考察」『梨大史苑』22·23합집, 1988.
  辛鍾遠,「新羅 五臺山事蹟과 聖德王의 즉위 배경」『崔永禧先生華甲紀念韓國史學論叢』, 探究堂, 1987;「新羅初期佛教史研究」, 고려대 박사학위 논문, 1988.
  申瀅植,「新羅 中代 專制王權의 展開過程」『統一新羅史研究』, 三知院, 1990.

귀족의 추대로 왕이 되었을 뿐 아니라 재위 중에 왕비가 교체되는 등 정치적으로 관심을 가질 부분이 없지 않으나 이에 대한 관심이 부족하였다. 또한 효성왕대에 왕권이 급속히 위축되는 것은 성덕왕대 정치 상황의 반영이라고 생각되는데, 기존의 연구는 그것을 지나치고 있다. 특히 承慶(효성왕)이 태자로 책봉되고 왕위에 오르는 과정을 살피는 것은 당시 정치 세력의 실체를 파악하는 데 중요함에도 불구하고 거의 관심을 두지 않았다.

이에 필자는 먼저 성덕왕대에 전개되는 귀족들의 각축과 그것을 성덕왕이 왕권 강화에 어떻게 활용하였나 하는 것에 대해 살펴보고자 한다. 이는 당시 지배 세력의 동향을 파악하는 데 많은 도움을 줄 것이다. 다음으로 효성왕대 왕권이 위축되고 새로이 外戚 세력이 정국의 주도권을 장악하는 과정을 알아보고자 한다. 이 작업은 당시 지배 세력간의 각축을 중심으로 이루어질 것이다.

1. 貴族勢力의 각축과 聖德王의 政局 運營

1) 聖德王의 왕권 강화 방향

성덕왕의 왕위 계승에 대해 『삼국사기』에는 다음과 같이 되어 있다.

> 諱는 興光이며, 本名은 隆基로, 당 현종과 휘가 같아 先天 중에 고치

趙二玉, 「新羅 聖德王代 唐外交政策 研究」『梨花史學研究』19, 1990.
金壽泰, 「新羅中代 專制王權과 眞骨貴族」, 서강대 박사학위논문, 1990.

었다. 신문왕 제 二子로 효소왕의 同母弟이다. 효소왕이 죽은 후 아들이
없자 國人들이 세웠다.(『三國史記』8, 聖德王 즉위년)

이에 따르면 성덕왕은 효소왕의 동생으로 아들이 없어 國人이 추대하였
다 한다. 그러나 앞장에서 자세히 살핀 바처럼 성덕왕은 『삼국사기』에는
효소왕의 同母弟로 나와 있지만 실은 효소왕의 異腹兄으로[4] 귀족 세력의
추대로 왕이 되었다. 경덕왕의 경우 효성왕의 異腹아우였지만 효성왕 때
태자에 책봉되는 절차를 밟아 왕위를 계승하였다.[5] 그러나 성덕왕은 이러
한 과정이 전혀 없이 왕위에 추대되고 있는데, 이는 효소왕과 반대되는 귀
족 세력이 권력 쟁탈전에서 승리하면서 나온 것으로 정상적인 상황은 아니
었다. 따라서 이러한 문제를 극복하려는 노력이 이어졌다.

성덕왕은 즉위하자마자 먼저 모든 관리들에게 관작을 1급씩 올려 주고,
또한 州·郡의 1년 조세를 면제해주는 조치를 취하였다.[6] 관리들에게 관작
을 올려주는 조치를 취한 것은 관례적인 것으로 생각할 수 있지만, 특히
백성들에게 1년의 조세를 감면해 준 것은 국가 재정이 넉넉하지 않은 당시
상황에서 아무래도 민심을 수습하려는 의도가 있다고 본다. 말하자면 비정
상적인 왕위 계승과 즉위초의 불안정한 민심을 수습하려는 의도가 있음을
배제할 수 없다고 본다.

또한 성덕왕은 신문왕과 효소왕을 받듦으로써 그의 왕위 계승이 갖는 문
제점을 보완하고자 하였다. 다음을 보자.

---

4) 졸고, 「孝昭王代 貴族勢力과 王權」『歷史學硏究』14, 1996; 本書 2장 및 辛鍾遠, 앞의
논문, pp.229-231.
5) 졸고, 앞의 논문 「新羅 孝成王代 政治勢力의 推移」, pp.351-352.
6) 『삼국사기』8, 성덕왕 원년.

무릇 성인은 팔장을 끼고도 濁世의 창생을 기르고 至德은 無爲한 속
에서 閻浮堤의 무리를 제도한다. 신문대왕은 五戒로써 세상에 응하고
十善으로써 백성을 임하니 다스림과 그 공이 이루어졌도다. 天授 3년
임진(692) 7월 2일에 승천하셨으니 신목태후와 효소대왕은 제왕의 성령
을 받들어 선원 가람에 3층 석탑을 세우셨다. 聖歷 3년 경자(700) 6월
1일에 신목태후는 길이 세상을 떠나 淨國에 오르셨고, 大足 2년 임인
(702) 7월 27일에 효소대왕도 승하하셨다. 神龍 2년 경오(706) 5월 30
일에 今主大王(성덕왕)은 불사리 4알과 全金彌陀像 6촌 1구와 무구정
광대다라니경 1권을 석탑의 제2층에 안치하여 비노니 이 복전으로 신문
대왕 신목태후 효소대왕의 代代聖靈이 涅盤山에 눕고 보리수에 앉는 비
용에 쓰이게 하옵소서. 융기대왕(성덕왕)은 壽가 산하와 같이 오래고, 位
가 乾川 등 大千子와 함께 하며 칠보가 나타나는 상서로움을 구족하기
를 비옵니다. 내외 친속은 玉樹가 장대하고 寶枝가 茂實하기를 비옵니
다. 梵釋四王은 위덕이 더욱 밝아지고 기력이 자재하기를 비옵니다. 그
리하여 천하가 태평해지고 항상 법륜이 굴러 三塗의 어려움을 면하게
되고 六趣가 즐거움을 받으며 법계의 뭇 중생이 모두 불도를 이루기를
비옵니다. 寺主沙門善倫 蘇判 金順元 金興宗 特奉敎指 僧令偶 僧令太
韓舍麻阿莫 韓舍季歷 塔典 僧惠岸 僧僧心尙 僧元覺 僧玄昉 韓舍全極
舍智朝陽 舍智純節 匠季生闕溫(「皇福寺石塔金銅舍利函銘」, 『韓國金
石遺文』)

　　위의 것은 「皇福寺石塔金銅舍利函銘」으로, 신문왕비 신목태후와 그의
아들인 효소왕이 신문왕을 위하여 3층 석탑을 만들려고 했으나 그 뜻을 이
루지 못하고 죽자 성덕왕이 이를 이어 받아 완성시켰다는 것이다. 이 석탑
은 성덕왕 5년에 건립된 것으로 여겨지는데,[7] 이 석탑의 명문을 보면 성덕

---

[7] 皇福寺塔의 건립시기에 대해 이홍직은 효소왕대로 보았으나(「慶州 南山東麓三層石塔
　　內發見品」『韓國古代文化論考』, 1954, p.40.), 銘文에서 언급되고 있는 天授 3년(682),

왕이 신문왕과 효소왕의 복을 빌면서 자신의 정치가 평화롭게 이루어지기를 바라고 있음을 알 수 있다. 성덕왕이 신문왕의 복을 비는 것은 당연하다. 하지만 이복아우인 효소왕의 복까지 비는 것은 쉽게 납득되지 않으나 그가 효소왕의 이복형으로서 정당한 왕위 계승권자가 아니었기에 효소왕을 받듦으로써 그의 왕위 계승의 정당성을 확보하려 한 것은 아닌가 한다.[8] 특히 황복사는 일찍이 舍輪系와 연결된 願刹로, 이곳에 이러한 성격의 석탑이 세워졌다는 것은 바로 성덕왕이 사륜계의 정통임을 과시하고자 한 것이라고 생각된다.

한편 성덕왕은 즉위하자마자 唐과의 관계를 개선하려고 노력하였다. 2년에 唐에 조공사를 보낸 이후 재위 36년 동안 44차례나 사신을 보내었다. 특히 제위 초기에는 매년 보내다시피 하였다. 13년에 외교문서를 작성하는 通文博士를 둔 것도 이와 관련이 있다고 본다.[9] 그가 이처럼 대당외교에 전력을 기울인 것은 당시 대외적인 측면에서 남하하는 발해를 의식하지 않을 수 없었기 때문이다. 발해는 무왕때 북쪽으로 진출하여 말갈족을 정복하는 한편, 남쪽으로 진출하여 721년에 신라와 동해안 지역에서 만나게 되었다. 신라는 이를 방비하기 위하여 농번기인 7월에 何瑟羅道(강릉)의 丁夫 2,000명을 징발하여 북쪽 경계에 장성을 쌓기도 하였다.[10] 따라서 신라는 발해를 견제하기 위해서 당과의 결속을 강화해야 할 필요가 있었다고 본다.[11] 하지만 그것이 이유의 전부일 수는 없고, 내치의 강화를 위한 정치적

聖曆 3년(700), 大足 2년(702) 등이 모두 신문왕, 신목왕후, 효소왕의 죽은 시기를 말하는 것으로 보아 神龍 2년(706) 즉 성덕왕 5년에 그것이 이루어진 것으로 보인다. 金壽泰, 앞의 논문, p.87 주32.

8) 辛鍾遠, 앞의 논문, pp.229-230.
9) 金壽泰, 앞의 논문, pp.92-93.
10) 『삼국사기』8, 성덕왕 20년.

인 의도도 깔려 있다고 여겨진다. 말하자면 대당 외교를 그의 권력을 안정 시키는데 이용하였다고 생각된다.[12] 특히 초기의 경우는 그러한 측면이 강하였다고 본다. 성덕왕은 이러한 노력으로 왕권을 강화시켜 나갔다.

> 11월 왕이 百官箴을 만들어 군신들에게 보여주었다. (『三國史記』8, 聖德王 10년)

이것은 성덕왕이 관리들에게 경계가 되는 글을 만들어 주었다는 것이다. 이것은 당시 귀족 관료들이 왕명에 제대로 복종을 하지 않은 경우도 있었다는 것이다. 그러나 성덕왕이 이에 대해 강력한 경고를 보내고 있는 것은 그만큼 그의 권력이 어느 정도는 안정되어 있음을 반영한다고도 생각한다.[13]

한편 성덕왕은 자신의 독자적 세력 기반 없이 다른 귀족 세력들에 의해 옹립되었기 때문에 나름대로 정국을 운영하는데 많은 부담을 가졌다고 본다.[14] 이를 극복하기 위해 그는 여러 가지 노력을 기울였다. 다음을 보자.

> 夏 5월에 乘府令 蘇判 김원태의 딸을 받아들여 妃로 삼았다. (『三國史記』8, 聖德王 3년)

---

11) 金壽泰, 앞의 논문, p.93 및 宋基豪, 「東아시아 國際關係 속의 渤海와 新羅」『韓國史 市民講座』5, 1989, pp.50-51.

12) 金英美, 앞의 논문「聖德王代 專制王權에 대한 一考察」, pp.386-385 및 申瀅植, 앞의 논문, p.134. 그리고 성덕왕대의 대당외교에 대해서는 趙二玉, 앞의 논문「新羅 聖德王 代 唐外交政策研究」가 참고된다.

13) 金壽泰, 앞의 논문, p.88.

14) 김수태는 성덕왕은 그를 추대한 진골 귀족 세력의 영향을 상당히 받았다고 하였다. 앞의 논문, pp.84-85.

성덕왕이 김원태의 딸을 비로 맞이했다는 것이다. 김원태는 신문왕때 서원경의 私臣을 역임한 바 있는데,[15] 그의 딸이 왕비로 책봉되었을 때의 관등은 蘇判으로 乘府令의 직책에 있었다. 그런데 『삼국유사』에는

> 이름은 홍광이며 본명은 隆基이다. 효소왕의 母弟이다. 先妃는 陪昭
> 王后로 諡號는 嚴貞이다. 元大 阿干의 딸이었다. 후비는 占勿王后로 시
> 호는 昭德이다. 순원 각간의 딸이다. 임인년에 즉위하여 35년을 다스렸
> 다. 陵은 동촌의 남쪽에 있는데 陽長谷이라고도 한다.

이라 하여 『삼국사기』기록과는 약간의 차이를 보이고 있다. 즉 元大 아간의 딸을 왕비로 받아들였다는 것이다. 여기서 元大는 물론 『삼국사기』의元泰를 가리키는 것이라 본다. 이때 『삼국유사』에는 元大의 관등을 아찬이라 했는데, 소판이라고 한 『삼국사기』의 기록과는 차이가 있다. 『삼국사기』의 기록에 따르면 元泰가 서원경 사신일 때 아찬의 관등에 있었다. 따라서이러한 차이를 보이는 것은 어느 한쪽이 잘못 기록을 하였거나 아니면 원태의 원래 관등이 아찬이었지만 점차 승진하여 소판에 이른 것은 아닐까여겨진다.[16] 그런데 김원태의 딸이 왕비가 된 것은 적어도 김원태와 성덕왕이 밀접한 관계였기 때문이었을 것이다.[17] 적어도 김원태는 성덕왕을 추

---

15) 『삼국사기』8, 신문왕 5년 3월.

16) 한편, 이기백은 성덕왕 2년 元訓의 뒤를 이어 中侍가 된 아찬 元文을 김원태(大)와
동일 인물로 파악한 바 있다. 「新羅 執事部의 成立」『新羅政治社會史研究』, 一朝閣,
1974, p.167. 그러나 성덕왕 2년에 아찬의 관등으로 중시가 된 원문과 성덕왕 3년에
소판의 관등으로 승부령 직책에 있었던 원태를 동일시하는 것은 동의하기 어렵다. 즉
성덕왕 2년 7월에 아찬의 관등에 있는 자가 이듬해 5월에 소판까지 갑작스럽게 승진했
을까 의문이다. 그리고 이와 같은 견해는 중시의 딸이 왕비가 되었다는 것을 강조하는
과정에서 나온 것으로 보인다.

17) 김수태는 김원태를 성덕왕 2년의 中侍 원문과 동일 인물로 파악하여 中侍가 된 김원태

대한 세력이 아니었을까 싶다. 따라서 김원태의 딸을 왕비로 받아들인 것은 그를 왕으로 추대한 세력에 대한 배려였다고 본다. 이제 김원태는 다른 귀족보다 앞서 세력을 신장시키는데 유리하였을 것 같다.

김원태와 더불어 위의 皇福寺塔의 건축 책임자로 나오는 김순원도 주목되는 인물이다.[18] 황복사는 舍輪系 전체의 願刹로 여겨지는데 특히 성덕왕은 그 願刹에 탑을 세워 그가 舍輪系의 정통을 계승하였음을 강조하였다고 볼 때, 이 탑의 건축 책임자는 성덕왕과 밀접한 관련이 있었으리라는 생각이 든다. 김순원은 효소왕말에 中侍의 직에 있으면서 반효소왕 세력을 규합하다 물러난 인물로, 성덕왕을 옹립한 세력에 속했을 것으로 여겨진다.[19] 따라서 그 역시 성덕왕이 즉위하면서 그의 관등도 승진하여 소판이 되었다. 그가 어떤 관직을 맡았는가는 분명하지 않지만 皇福寺塔의 건축 책임을 맡았다는 것은 성덕왕이 그를 정치적으로 배려한 것이라고 하겠다. 결국 김원태와 김순원은 그들이 성덕왕을 추대할 때만 하더라도 서로 협력했다고 본다. 그러나 성덕왕 즉위 후 성덕왕은 이들 세력을 서로 각축시키며 정국의 안정을 꾀하였다고 생각된다.[20] 이것이 성덕왕의 또 다른 왕권 강화책이었

는 중시의 직을 이용하여 왕비를 바치면서 왕권에 제약을 가했다고 하였다. 앞의 논문, p.84.

18) 김순원은 효소왕 7년에 중시가 된 후 9년의 慶永의 모반 사건에 연루되어 파면되었다가 성덕왕 때에 이르러 정계에 다시 등장하였다. 그리고 그는 후술되겠지만 그의 딸을 성덕왕과 효성왕의 비로 바치면서 양 시대의 실력자로 활동하였다. 따라서 그에 대한 관심은 일찍부터 있었다. 金壽泰, 「新羅 聖德王·孝成王代 金順元의 政治的 活動」 『東亞研究』3, 1983.

19) 申瀅植, 앞의 논문, p.132 및 辛鐘遠, 앞의 논문, pp.228-229. 이에 대해 김수태는 성덕왕 즉위시에는 김순원이 별다른 역할을 하지 못하였다고 하였으나,(앞의 논문, pp.80-82.) 김순원이 성덕왕때 관등이 대아찬에서 소판으로 승진하였다거나 왕실사업인 황복사탑의 조성에 깊이 관여한 것은 성덕왕의 즉위와 전연 무관하다고 할 수 없겠다.

20) 졸고, 앞의 논문 「新羅 孝成王代 政治勢力의 推移」, p.332.

다고 여겨진다. 하지만 이제 이들은 정국의 주도권을 잡으려고 갈등을 벌였다고 짐작된다. 다음을 보자.

> 사신을 唐에 보내 방물을 보냈다. 成貞王后 〔一云 嚴貞王后〕를 내
> 보냈다. 채단 500필, 田 200결, 租 1만석, 宅 1구를 주었는데 宅은 康申
> 公의 舊居를 구입한 것이다. (『三國史記』8, 聖德王 15년 3월)

성덕왕 15년에 엄정왕후를 출궁시켰다는 것이다. 이때 엄정왕후를 출궁시킨 이유가 무엇인지 궁금하다. 中代 왕실에서 몇 차례의 왕비 출궁 기록이 있었지만 모두 표면상의 이유는 왕비의 無子를 이유로 들고 있다.[21] 하지만 엄정왕후는 성덕왕 13년에 太子에 冊封된 중경의 親母였다. 따라서 엄정왕후를 無子를 이유로 출궁시킬 이유가 없다고 생각된다.[22] 결국 엄정왕후의 출궁은 정치적 문제가 개입되어 있었다고 본다.[23] 이때 성덕왕 18년에 김순원의 딸이 새로운 왕비로 책립되고 있었다.

---

21) 김흠돌 소생의 신문왕비도 김흠돌의 모반사건으로 출궁되었지만 표면적인 출궁 이유
는 無子였다. 『삼국사기』8, 신문왕 즉위년.

22) 이기백은 엄정왕후의 출궁 이유는 그것이 無子가 아닌 정치세력 관계 때문인 것 같으
나 자세한 것은 잘 모르겠다고 하였다. 앞의 논문 「統一 新羅와 渤海의 社會」, p.312
의 주20.

23) 신문왕대의 정치 상황을 검토한 김수태는 신문왕의 왕비 폐출을 왕비의 無子 측면에서
파악하고 그것이 왕비 父인 김흠돌의 반란 원인이 되었다고 살폈다. 앞의 책, p.13.
이 견해는 이미 이병도나 이기백에 의해서도 언급된 바 있다. 李丙燾, 『韓國史』(古代
篇), 乙酉文化社, 1959, p.645 및 李基白, 윗 논문, p.309. 그러나 김상현과 신종원은
왕비 폐출은 김흠돌의 난과 관련되었다고 하여 정치적 의미를 강조하였다. 金相鉉, 「萬
波息笛 說話의 形成과 意義」『韓國史硏究』34, 1981, p.14 및 辛鍾遠, 앞의 논문,
p.217. 실제 신라 중대 왕실에서 왕비 폐출은 정치적인 이유가 대부분이며, 혜공왕대
滿月夫人의 경우 10여 년간 無子로 있었지만 폐출되지 않았다는 점에서 후자의 경우
를 따르고자 한다.

이찬 순원의 딸을 왕비로 삼았다. (『三國史記』8, 聖德王 18년 3월)

　김순원은 앞에서 언급하였듯이 성덕왕대 정국의 주도권을 둘러싸고 김원태와 각축하였던 인물이다. 그러한 인물의 딸이 새 왕비로 들어왔다는 것은 그냥 넘기기 어렵다고 본다. 즉 엄정왕후를 출궁한 정치적 배후에는 김순원이 개입하고 있었다고 생각된다. 이를테면 김순원과 김원태의 각축에서 김원태가 패배하면서 비록 엄정왕후가 그녀의 아들이 太子가 되었지만 출궁된 것이라고 생각된다.[24] 이것은 김순원 세력이 정치적으로 크게 성장한 때문이었다고 하겠다. 김순원 세력이 이 무렵에 신장되고 있었다는 근거로, 성덕왕 13년에 이찬 효정이 中侍로 임명된 것이 주목된다. 성덕왕 때 빈번한 中侍 교체가 있었지만 그들이 물러나게 된 것은 대부분 사망이 그 이유였다. 하지만 효정의 전임자인 위문의 경우 퇴임 이유가 분명치 않다. 따라서 효정의 중시 임명은 예사로이 생각되지 않는다. 그가 어떤 성격의 인물인지 잘 드러나 있지 않지만 다음 장에서 다룰 경덕왕대의 皇龍寺鐘의 鑄鐘에 참여한 효정 이찬과 동일 인물로 생각된다.[25]

　그런데 鑄鐘에 효정과 삼모부인이 같이 참여하고 있는 것으로 보아 두 사람은 서로 밀접한 관계에 있었다고 생각된다.[26] 한편 삼모부인은 경덕왕의 첫째부인으로, 김순정의 딸이었다. 그녀가 경덕왕과 혼인할 수 있었던 것은 효성왕대 실력자인 김순원 세력의 도움 때문이었다. 따라서 성덕왕과

---

24) 浜田耕策은 성덕왕 15년의 엄정왕비 출궁의 배후에는 귀족간의 분쟁과 음모가 있었고 거기에서 김원태 일족이 패퇴하였다고 하였다. 앞의 논문, p.36. 그가 말한 귀족간의 분쟁 음모란 결국 김순원과 김원태측의 대립 각축을 의미한다고 보겠다. 한편, 김수태는 이를 왕당파 귀족 대 진골 귀족의 대립 측면에서 파악하였다. 앞의 논문, p.101.

25) 『삼국유사』3, 塔像 皇龍寺鐘·芬皇寺藥師·奉德寺鐘.

26) 졸고, 「新羅 景德王代의 外戚 勢力」『韓國古代史研究』11, 1997, pp.428-429.

삼모부인의 혼인은 김순원 세력과 김순정 세력이 밀착된 관계에 있었기 때문에 가능하였다고 본다. 이것은 김순원과 효정과도 어떤 관계가 있지 않을까 하는 추측을 불러일으킨다. 결국 김순원 세력이라고 할 수 있는 효정이 중시가 된 것은 그들의 세력이 강해지고 있음을 반영해준다. 이러한 상황에서 김순원 세력이 정치적으로 밀려난 것은 아닌가 한다.

이 때 성덕왕은 왕후 출궁에 어떤 입장을 보였을까. 이것은 위에서 보듯이 성덕왕이 엄정왕후를 출궁하면서 최대한의 배려를 아끼지 않고 있는 데서, 또한 새 왕비 책봉이 엄정왕후 출궁 직후에 이루어지지 않은 점에서 왕비 출궁이 성덕왕의 의지로 이루어진 것이라고 생각되지 않는다.[27]

그러나 엄정왕후를 축출하며 반대세력을 패퇴시켰던 김순원은 나아가 그의 딸을 성덕왕의 後妃로 바쳤다. 이것은 김순원의 정치 기반이 더욱 강화되고 있는 증거라고 생각된다. 이제 성덕왕의 정국 주도력은 적지 않은 타격을 입었다고 여겨진다.

2) 孝成王의 卽位 過程을 통해 본 貴族 勢力의 動向

엄정왕후가 출궁된 직후 우연의 일치인지는 알 수 없으나 태자 중경이 사망하였다. 다음을 보자.

> 6월에 태자 重慶이 죽으니 孝傷이라 시호하였다. 9월에 唐에 들어갔
> 던 대감 수충이 돌아왔다. (『三國史記』8, 聖德王 16년)

---

27) 졸고, 앞의 논문 「新羅 孝成王代 政治勢力의 推移」, p.334.

이를 두고 앞서의 엄정왕후의 출궁과 관련하여 살펴보기도 한다.[28] 하지만 이것은 단순한 우연으로 보고 싶다. 비록 김순원 세력이 정치적인 비중이 커졌다고 하나 태자의 위치까지 넘볼 정도였다고는 생각되지 않기 때문이다. 아직 정국은 성덕왕을 중심으로 운영되었다고 보여진다.

한편 성덕왕은 하루바삐 태자를 冊封하여 후계를 분명히 함으로써 왕권을 안정시키고자 하였을 법하다. 그럼에도 새로운 태자 책봉은 몇 년이 지나서 이루어졌다.

> 12월 왕자 승경을 태자로 삼고 대사면령을 내렸다. (『三國史記』8, 聖德王 23년)

왕자 승경을 태자로 삼았다는 것이다. 승경은 김순원의 딸 즉, 소덕왕후의 소생이라 한다.[29] 그것은 『삼국사기』나 『삼국유사』 모두 그렇게 되어 있어 의심의 여지가 없었다. 그러나 승경을 소덕왕후의 소생으로 보기에는 궁금함이 남는다.

승경이 소덕왕후의 소생이라면 그의 외조부는 김순원이 된다. 김순원은 이때 정국의 주도권을 행사하고 있었다. 그렇다면 승경이 태자가 되고 후일 왕위에 오르는 것은 아무런 문제가 되지 않을 것이다. 그러나 다음을 보자.

> 효성왕이 潛邸에 있을때에 賢師 신충과 더불어 궁정의 잣나무 밑에서 바둑을 두었는데, 일찍이 말하기를 "뒷날 만일 그대를 잊는다면 잣나무 같음이 있으리라." 하니 신충이 일어나 절하였다. 몇 달 뒤에 왕이 즉위

---

28) 金壽泰, 앞의 논문, p.101.
29) 김수태는 승경이 3세에 태자가 되었다고 추정하였다. 앞의 논문, p.102.

하여 공신에게 상을 주면서 신충을 잊고 등급에 넣지 않았다. 신충은 원망하여 노래를 지어 잣나무에 붙이니 나무가 갑자기 말라버렸다. 왕이 이상히 여겨 사람을 시켜 살펴보게 하였더니 노래를 가져다 바쳤다. 왕은 크게 놀라 말하기를 "萬機가 번잡하여 골육을 거의 잊을 뻔했다."고 하고는 그를 불러 爵祿을 주니 잣나무가 소생하였다. 노래는 다음과 같다. ……이로 말미암아 왕의 총애가 兩朝에 드러났다. (『三國遺事』5, 避隱, 信忠卦冠)

위는 효성왕이 潛邸에 있을 때 즉 태자 시절에 김신충과 바둑을 두면서 나눈 이야기를 중심으로 되어 있는데, 위의 사실을 그대로 믿어야 되는지 알 수 없으나 주목해야 할 사실이 있다고 본다. 즉 효성왕이 태자 시절에 "후일 왕이 되어 김신충을 잊는다면 잣나무와 같음이 있을 것이다."라는 문맥이다. 이 구절은 단순히 의례적인 표현일지도 모르겠으나 위의 사실을 범상히 넘겨 버릴 수만은 없다고 본다. 후일 효성·경덕왕 때 김신충의 정치적 비중을 고려하면 더욱 그러하다.[30] 그렇다면 위 내용은 무엇을 시사해 주는 것일까. 그것은 효성왕이 태자 시절에 김신충을 그의 지지세력으로 끌어들이려 하면서 왕이 된 후의 정치적 보상을 약속한 것이라고 볼 수 있지 않을까 한다.[31] 왜 효성왕이 김신충을 그의 지지 기반으로 삼으려 했을까. 즉, 효성왕이 소덕왕후 소생이라면 당시 정국 운영의 핵심 인물인 김순원의 지지를 배경으로 하기 때문에 태자로서 왕위 계승에 정치적인 안전판

---

30) 신충은 효성왕 3년 1월에 中侍가 되어 성덕왕 3년 1월까지 약 5년 동안 재임하였고, 경덕왕 16년 1월부터 22년 8월까지 上大等으로 있었다.

31) 이기백이나 김수태 모두 신충은 승경의 측근 세력이었다고 하였다. 李基白, 1974 「경덕왕과 斷俗寺·怨歌」『新羅政治社會史硏究』, 一潮閣, p.219 및 金壽泰, 앞의 논문, p.113. 그러나 여기서 중요하게 생각되는 것은 신충과 승경의 접촉이 이미 승경이 태자 시절부터 정치적인 동기에서 비롯되었다는 점이다.

을 확보한 셈이 된다. 그럼에도 불구하고 효성왕이 태자 시절에 그 나름대로 정치 세력을 규합하려 하였다는 것은 효성왕이 태자로서 왕위 계승상 유리한 위치에 있었지만 정치적 역학 관계에서 불안스런 상태에 있었던 것은 아닐까 한다. 이를테면 김순원은 그의 외손인 헌영으로 왕위를 계승케 하였을 것이며, 효성왕은 그들과 맞서기 위해 세력을 키우고 있었다고 생각한다.[32]

이와 더불어 聖德大王 神鐘銘에 "경덕왕은 早失한 母后와 돌아간 父王의 덕을 잊을 수 없어 銅 12만근 으로 큰 종을 주조하려다 뜻을 이루지 못했다."[33] 는 부분에 주목하고자 한다. 경덕왕이 부왕인 성덕왕의 은덕을 잊지 못해 신종을 주조하고자 했다는 것이다. 신종의 주조를 계획한 것은 경덕왕이 부왕인 성덕왕을 추존함으로써 왕위 계승의 정통성을 확립하고자 한데서 비롯된 것이라는 견해가 있다.[34] 이는 경덕왕이 왕위 계승에 있어 불안을 느꼈다는 것이 되겠다. 만일 그가 효성왕의 同母弟였다면 왕위 계승 문제는 더욱 자연스럽게 여겨졌을 것이다. 그리고 위 인용문에서 경덕왕이 형인 효성왕을 전혀 언급하지 않고 있는 것도 이상하다. 당연히 부왕과 더불어 친형인 효성왕을 언급했을 것이나 그에 대한 언급이 없다. 이러한 점으로 미루어 효성왕과 그의 아우인 헌영은 이복 형제가 아닌가 한다. 이 외에도 사망한 태자는 重慶이고 효성은 承慶, 그리고 헌영이라고 이름이 붙이어져 있는데서 중경과 승경은 같은 흐름이라 생각한다.[35] 이와 관련하

---

32) 졸고, 앞의 논문「新羅 孝成王代 政治勢力의 推移」, p.337.

33) "孝嗣 景德大王在世之日 繼守丕業 監撫庶機 早隔慈規 對星霜而起戀 重違嚴訓臨關 殿以增悽追遠之情 轉悽益魂之心更切 敬捨銅一十二萬斤 欲鑄丈鍾一口 立志未成 奄 爲就世"(「新羅聖德大王神鐘」『韓國金石遺文』).

34) 李昊榮, 앞 논문, p.11.

35) 졸고, 앞의 논문「新羅 孝成王代 政治勢力의 推移」, pp.337-338.

여 성덕왕·효성왕대에 중국에서 선사로 활약하였던 無相이 주목을 끈다. 무상은 성덕왕의 셋째 왕자로서 성덕왕 27년에 입당하였다.[36] 소덕왕후는 성덕왕 19년에 후비로 들어왔다. 따라서 무상은 소덕왕후 소생이 아니라 엄정왕후 소생이 아닌가 한다. 그가 셋째 왕자라면 앞서 살핀 중경이 長子, 승경이 次子, 무상이 第三子에 해당한다고 생각한다. 이밖에 엄정왕후 소생으로 믿어지는 인물로 수충이 있다. 수충은 성덕왕 13년에 왕자로서 당에 宿衛로 파견되었다가 태자인 중경이 사망한 직후 귀국을 한 점으로 보아 엄정왕후 소생의 왕자로 여겨진다. 성덕왕의 가계도를 작성해 보면 다음과 같다.

〈표〉 성덕왕의 家系圖

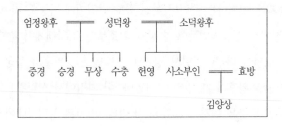

이상의 검토를 통해 효성왕은 소덕왕후의 소생이 아니라 前 왕비인 엄정왕후 소생이라는 생각을 갖게 되었다. 그러면 새 왕비가 들어왔는데도 前 왕비의 소생을 태자로 삼은 이유는 무엇일까. 우선, 승경이 이미 장성한 왕자였기 때문이라고 생각된다. 또한 소덕왕후 소생의 왕자인 헌영이 아직

---

36) "釋無相 本新羅國人也 是彼土王第二子 於本國正朔年月日生 於詳疑郡南寺落髮登戒 以開元十六年泛東溟至于中國到京"(『宋高僧傳』, 唐成都淨衆寺無相傳). 崔炳憲, 「新羅 下代 禪宗九山派의 成立」『韓國史硏究』7, 1972, pp.90-91.

태어나지 않았거나, 태어났더라도 매우 어린 나이였기 때문에 승경의 태자 책봉은 불가피하였으리라 본다. 여기서 성덕왕은 둘째 왕자를 태자로 삼았다고 본다. 그러나 이 과정에서 새 왕비족인 김순원 세력과 상당한 마찰이 있었을 것은 예상이 된다. 따라서 태자 책봉이 중경이 사망한 지 7년이 지나서야 이루어지게 되었다고 본다.

그런데 승경은, 성덕왕이 재위 36년에 사망하자 그 뒤를 이어 왕위에 올랐다. 그가 왕이 되었던 데는 태자라는 점이 유리하게 작용하였을 것 같다. 하지만 그에게 이복 아우인 헌영이 외조부이자 당시 실력자인 김순원 세력의 지지를 바탕으로 버티고 있는 상황에서 왕위를 계승한다는 것은 간단한 문제가 아니었다고 여겨진다. 어쩌면 상당한 진통이 있었을 것이다.

그럼에도 승경이 순조로이 왕위를 계승할 수 있었던 것은 태자라는 점 외에도 승경을 지지하는 세력이 어느 정도 있었기에 가능한 것이라고 생각한다. 앞절에서 언급되었듯이 승경의 외조부인 김원태에서 김순원에게로 정국의 주도권이 바꾸어지면서 김원태의 딸인 엄정왕후가 출궁되고, 김순원의 딸인 소덕왕후가 새 왕비가 되었다. 이 과정에서 성덕왕은 김순원 세력의 지나친 팽창을 원하지 않았을 것 같다. 그것은 성덕왕대에 비교적 소외되었던 세력에 대한 배려가 보이고 있는데서 알 수 있다.

> (김유신의)嫡孫 윤중이 성덕대왕을 섬기며 대아찬이 되어 여러 번 恩顧를 받았는데, 왕의 친속들이 대단히 질투했다. 때에 중추 보름이라 왕이 月城의 둔덕 위에 올라 조망하며 시종관과 더불어 술자리를 베풀고 놀더니 명하여 윤중을 부르게 하였다. 간하는 사람이 있어 말하기를 "지금 宗室 戚里에 어찌 好人이 없겠습니까. 유독 소원한 신하를 부르니 어찌 이른바 친한 이를 친히 한다는 일이겠습니까."하였다.(『三國史記』 43, 金庾信傳 下)

이것은 김유신의 손자인 윤중에 대한 것이다.[37] "유독 소원한 신하를 부르니"라는 구절에서 윤중은 성덕왕 당시 비교적 정치적으로 소외된 상태에 있었음을 알게 한다. 이러한 그를 성덕왕이 가까이 하려 하자 당시 왕실 세력이 반대하였다는 것이다. 여기서 김유신 세력은 효소왕의 지지 기반으로, 성덕왕을 옹립한 김원태·김순원 세력과는 정치 성향이 같지 않았다는 사실을 주목할 필요가 있다.[38] 따라서 김원태·김순원 등은 성덕왕을 옹립한 후 김유신 세력을 배제하고 새로이 세력을 형성하려 하였는데, 이 점을 인식할 경우 성덕왕대에 김유신 세력이 정치적으로 소외됨은 당연해 보인다. 그런데 성덕왕이 윤중을 등용하려 한 이유가 무엇일까. 그것은 어느 정도 성덕왕을 중심으로 권력이 재편된 상황에서 성덕왕을 옹립하는데 기여한 세력들이 이제 왕권을 제한하는 측면이 있었기 때문이 아니었을까 여겨진다. 특히 김순원 세력의 성장은 성덕왕에게 상당한 부담으로 남았다고 생각된다. 이에 성덕왕은 당시 정치적으로 소외된 세력들을 중용함으로써 김순원 세력의 독주를 견제하려 했다고 생각된다. 이 때 김순원측에서는 이러한 성덕왕의 의도에 당연히 반발했을 것으로 보인다.[39] 바로 위에서 김윤중의 등용에 반대한 왕실 세력이라 함은 김순원 등이 아니었을까 싶다.

---

37) 이기백은 윤중을 성덕왕 24년에 중시였던 允忠과 동일 인물로 파악하였으나(앞의 책 『新羅政治社會史硏究』, pp.163-164.), 받아들이기 어렵다. 그것은 윤중이 성덕왕을 섬기며 대아찬이 되었다는 것에 주목하면 윤중의 최고 관등은 대아찬이었다고 살펴지는데 성덕왕 24년에 中侍가 된 윤충은 이찬의 관등에 있어 차이가 있기 때문이다. 그리고 김수태는 이기백의 견해를 받아들여 성덕왕에게 발탁되는 시점을 성덕왕 11년으로 파악하였으며,(앞의 논문, pp.96-97.) 위의 표현에 이미 윤중은 성덕왕으로부터 여러 차례 은고를 받았다고 하였는 바, 성덕왕 11년 이전에 아직 왕권이 제대로 행사되기 어려운 상황에서 어떻게 그것이 가능했겠는가 의문이다.

38) 졸고, 앞의 논문 「孝昭王代 貴族勢力과 王權」, pp.112-113.

39) 이를 김수태는 엄정왕후 세력으로 대표되는 진골귀족 세력이 윤중의 등용을 반대한 것으로 파악하였다.

그것은 김순원이 성덕왕의 외척이 되었기 때문이다. 그러나 성덕왕은 이러한 반대를 무릅쓰고 윤중을 등용하였다. 이때 분명하지는 않지만 윤중이 태자인 승경과 어느 정도 연결되었으리라는 생각이 든다.

승경의 왕위 계승에는 앞서 언급된 김신충의 경우도 힘이 되었다고 본다. 김신충의 모습은 성덕왕 33년에 入唐 宿衛하였던 데서 보이는데,[40] 이로 미루어 성덕왕과 김신충은 친밀한 관계를 맺고 있었다고 여겨진다. 그는 앞서 살핀 바처럼 효성왕과도 태자 시절에 가까운 관계를 맺고 있었다고 본다. 즉 김신충은 성덕왕은 물론 효성왕이 태자 시절이었을 때부터 관계를 맺음으로써 더욱 그의 정치적 위상을 강화하고자 하였던 것으로 보인다. 다음을 보자.

2월 (唐에서) 왕비 박씨를 책봉하였다.(『三國史記』9, 孝成王 2년)

이것은 효성왕 2년에 박씨 왕비를 당에서 책봉했다는 것이다. 이것은 중대 왕비족으로서는 유일한 경우에 해당한다. 그런데 위 기록은 『삼국사기』에는 보이지 않아 박씨 왕비의 존재를 부정하기도 한다.[41] 하지만 중국측 기록에는 박씨 왕비로 나타나 있어 위의 사실을 부정할 아무런 까닭이 없다고 본다.[42] 박씨는 김씨와 더불어 중요한 진골귀족임이 분명하고,[43] 때

---

40) 『삼국사기』 8, 성덕왕 33년 정월의 기록으로 보면 對唐使臣으로 金忠信이 나오는데 당시를 언급한 중국 측 기록(『册府元龜』 973, 外臣部 18)에는 金信忠으로 알려지고 있어 같은 인물로 보인다. 末松保和, 「新羅の郡縣制, 特にその完成期二三の問題」 『學習院大學文學部研究報告』 21, 1974, p.67.

41) 이병도는 효성왕대 박씨왕비 기록은 『唐書』 新羅傳을 인용한 모양이나 효성왕 4년의 왕비 김씨의 책립 사실을 박씨로 잘못 기록한 것으로 보았다. 『國譯 三國史記』, 乙酉文化社, 1977, p.149. 또한 이기백도 신라 중대에는 단 한 명의 박씨 출신 왕비도 나타나지 않았다고 하였다. 앞의 논문 「統一新羅와 渤海의 社會」, pp.314-315.

문에 왕비족이 될 개연성은 충분하다. 요컨대 위의 사실을 그대로 받아들이고자 한다. 따라서 효성왕이 박씨 왕비와 혼인하였다는 것은 분명해진다. 그러면 효성왕이 왜 새삼스러이 中代 왕으로서는 유일하게 박씨족과 혼인을 하였을까. 이를 위해 효성왕이 언제 박씨 왕비와 혼인하였는가 하는 것부터 살펴보자. 성덕왕 死後인 효성왕 2년 2월에 唐에서 조문사절을 보내었는데 그때 당에서 별도의 사신을 보내어 왕비 박씨를 책봉하고 있다. 이 것은 이미 당이 효성왕에게 박씨 왕비가 있었다는 것을 알았다는 뜻이 된다. 이로 미루어 볼 때 효성왕과 박씨 왕비의 혼인은 이미 효성왕이 태자 시절에 이루어졌다고 여겨진다.[44]

그러면 박씨 왕비와 효성왕의 혼인이 어떻게 이루어졌을까 궁금하다. 박씨족은 中古代만 하더라도 왕비족으로서의 위치를 지녔다.[45] 그러나 김춘추 가문과 김유신 가문의 결합 이후 박씨 왕비족의 모습은 보이지 않고 김씨 간의 혼인이 계속되었다. 이것은 김씨를 중심으로 한 정치세력의 성장을 가져와 박씨족과 같은 다른 집단의 정치적 진출을 차단하는 결과를 가져왔

---

42) 박씨왕비에 대한 중국측 기록은 다음과 같다. a. "俄册其妻朴氏爲妃"(『新唐書』220, 東夷傳, 開元 25년: 孝成王 元年.) b. "册承慶妻朴氏爲新羅王妃"(『唐會要』95, 新羅傳, 開元 28년: 孝成王 4년.) c. "三月癸卯 册新羅國金承慶妻金氏"(『册府元龜』975, 外臣部 20, 褒異 2: 孝成王 4년.) 이를 통해 박씨 왕비의 존재는 분명하다고 생각한다. 다만 b의 효성왕 4년의 박씨 왕비의 기록은 c의 경우에 보이는 왕비 김씨의 책립 사실을 잘못 기록한 것이든지 아니면 이 때에 박씨와 김씨의 두 왕비가 있었음을 나타내주는 것이라 생각한다. 그리고 효성왕 원년의 중국측 기록은 당에서 있은 사신의 출발을 또한 『삼국사기』에 보이는 2년의 박씨 왕비 기록은 사신이 도착하여 책립한 사실을 말해주는 것이라 생각한다. 金壽泰, 앞의 논문, pp.110-111.

43) 『新唐書』新羅傳에 "왕의 성은 金이고 귀인의 성은 朴이고 民은 氏가 없고 이름만 있다."고 되어 있는데, 이는 박씨가 김씨와 더불어 신라의 중요한 지배세력임을 말해준다고 생각한다.

44) 金壽泰, 앞의 논문, p.109의 주4.

45) 졸고, 「新羅 眞平王代 政治勢力의 推移」『全南史學』2, 1988, p.8.

다.46) 이러한 김씨족 내부의 혼인은 그들의 정치적 영향력을 크게 강화시켜 갔으나 한편으로는 국왕의 권력 행사를 제약하는 요소로 발전했다고 본다.47) 성덕왕대에 나타난 왕비족 간의 정치적 갈등이 그것을 말해준다고 추측된다. 특히 권력 쟁탈전에서 승리한 김순원 등이 정국의 전면에 등장함으로써 성덕왕은 그들을 견제할 새로운 정치 집단을 물색하지 않으면 안되었다고 보여진다.48)

한편 박씨족들은 그동안 정치의 전면에 거의 모습을 드러내지 못하고 있었다. 그런데 효소왕대에 毛梁部 세력이 당시 왕권과 갈등을 빚었다는 사실이 주목된다. 즉 毛梁部 세력은 앞서 언급되었듯이 中古말 舍輪系와 김유신계의 등장으로 위축되다가 효소왕대에 그들에게 정치적으로 박해를 받았던 것이다. 이에 그들은 反효소세력에 가담하였을 법하다. 그리고 뒤에 성덕왕을 옹립하는데 참여했을 것 같다. 그런데 모량부와 박씨족이 中古말에 관련이 있다고 할 때 박씨족이 성덕왕을 옹립한 세력이라고 할 수 있다. 이러한 추론이 가능하다면 박씨족과 성덕왕의 연결은 자연스러워 보인다. 이 과정에서 박씨족의 등장이 조심스럽게 나타났다고 본다. 이때 박씨족의 존재를 확인하는 것은 쉽지 않으나 성덕왕 13년에 賀正使로 당에 들어간 朴紐가 눈에 띈다. 성덕왕 13년은 성덕왕이 對唐외교를 적극 펼치기 위해 通文博士를 설치하던 때이고, 또한 왕자 수충이 당에 宿衛로 갔던 때이니 對唐외교가 중요하게 전개되던 때로, 박유가 賀正使로 간 것은 그의 정치

---

46) 이기백은 김씨족 내부의 족내혼은 왕족 김씨가 권력을 배타적으로 독점하려는 데서 나타났다고 하였다. 앞의 논문『統一新羅와 渤海의 社會』, p.311.

47) 그러나 이제까지는 김씨족 내부의 혼인 그 자체를 왕권강화로 파악하였다. 李基白, 윗논문, p.311. 그러나 왕족 김씨족의 세력이 커지면서 자연 그것은 왕권 그 자체의 제약 요소가 되었다고 보는 것이 타당할 듯 싶다.

48) 졸고, 앞의 논문「新羅 孝成王代 政治勢力의 推移」, pp.340-341.

적 비중을 짐작케 한다. 말하자면 성덕왕과 가까운 관계에 있다고 볼 수 있지 않을까 한다. 성덕왕은 이렇듯 박씨족을 주목하였다고 여겨진다. 곧 성덕왕은 박씨족을 끌어들임으로써 김순원 등의 세력을 견제하려고 하였다고 본다.[49] 그것이 효성왕이 박씨 왕비와 혼인한 이유라 생각된다. 바로 이러한 점에서 박씨족들은 효성왕의 태자 시절부터 중요한 지지 세력이 되었을 것이다.

결국 승경은 당시 비교적 소외된 세력의 도움을 받아 김순원 세력의 견제에도 불구하고 왕위에 오를 수 있었다고 본다.

2. 세력 균형의 붕괴와 外戚의 대두

효성왕은 왕이 된 후 적극적으로 왕권을 안정시키려는 노력을 기울였다. 우선 父王인 성덕왕에 대한 추모 사업을 펼치어 그의 정치적 입장을 강화해 나가고자 하였다. 즉, 효성왕 2년 성덕대왕을 위해 奉德寺를 창건한 것이 그것이다.[50] 이는 효성왕이 父王의 은덕을 강조함으로써 그의 정치적 지위를 강화하려 한 것이었다. 이와 함께 효성왕의 대외 정책에 주목하고자 한다. 효성왕은 즉위하자마자 唐에 사신을 보내고 있다.[51] 이와 같이 즉위하자마자 사신을 보낸 것은 의례적인 조처라고 생각할지 모르나 여기에는

---

49) 졸고, 앞의 논문 「新羅 孝成王代 政治勢力의 推移」, p.341.
50) 『삼국유사』3, 塔像 奉德寺鐘條에 "寺乃孝成王開元二十六年戊寅 爲先考聖德大王奉福所創也"라고 되어 있다.
51) 『삼국사기』9, 孝成王 즉위년.

다른 의미가 있다고 파악된다. 즉, 효성왕의 즉위와 관련된 문제 때문이 아닌가 한다. 앞절에서 살편 바처럼 효성왕의 즉위는 결코 순탄스럽게 이루어진 것은 아니었다. 당시 정국의 주도권을 가지고 있던 김순원 등의 견제 속에서 왕위를 계승하였던 것이다. 따라서 아직 정치적으로 그의 지위가 확고한 상태였다고 보기는 곤란하다. 이러한 상태에서 효성왕은 당과의 관계를 밀접히 함으로써 외교적인 부담을 줄임과 동시에 나아가 당의 지지를 통해 국내에서의 정치적 입지를 넓혀가려 했다고 보인다.[52] 이러한 효성왕의 의도는 주효하여 당 현종으로부터 책봉을 받기에 이르렀다. 특히 책봉과 함께 이례적으로 현종이 冊封使 刑璹에게 "신라는 君子의 나라라고 불리우며 書記를 알아 중국과 유사하다."라고 하였다는 데서 당시의 사정을 살필 수 있다.

한편, 이 과정에서 주목되는 것은 효성왕비 박씨에 대한 당의 冊封이다.

  唐이 사신을 보내어 왕비 박씨를 冊封하였다.(『三國史記』9, 孝成王 2
  년 2월)

이처럼 중대 왕비로서 당으로부터 책봉을 받은 경우는 박씨 왕비의 경우와 후술할, 박씨 왕비에 뒤이어 들어선 김순원의 딸 혜명왕후가 있을 따름이다. 당의 박씨 왕비 책봉은 신라 중대에 당이 신라 왕비를 책봉한 최초의 사례에 해당된다. 따라서 박씨 왕비에 대한 책봉 사실은 당시로서는 대단히 중요한 사건이었을 것이다. 그러면 왜 박씨 왕비에 대한 당의 책봉이 이루

---

52) 성덕왕대 행해진 빈번한 대당외교에는 왕권을 안정시키려는 측면도 있었다는 견해는 참고할 만 하다. 金壽泰, 앞의 논문, p.93. 성덕왕대의 대당외교를 주로 다룬 논문으로는 趙二玉, 앞의 논문.

어졌을까. 그것은 앞서 언급한 것처럼 박씨를 왕비로 삼은 것은 中代 왕실에서 이례적인 것으로 그에 대한 반발이 있었을 것이라는 점을 지적하고 싶다. 이 때문에 효성왕은 왕비 문제에 대한 더 이상의 논란의 소지를 없애기 위해 당으로부터 책봉을 받으려고 했다고 생각된다.[53] 이제 박씨 왕비족은 더욱 그들의 정치력을 키워갈 수 있는 발판을 마련해 갔다고 보인다. 이때 박씨 왕비족들은 독자적으로 세력을 형성했다기보다는 왕권과의 관계 속에서 세력을 유지하고 있었다고 생각된다.

한편 효성왕이 자신의 세력 기반으로 박씨 왕비족과 더불어 구축한 일단의 세력을 더 찾아 볼 수 있다. 다음을 보도록 하자.

> a. 김씨이며 이름은 승경이다. 父는 성덕왕이며 母는 소덕대후 이다. 妃는 혜명왕후이며 眞宗角干의 女이다. (『三國遺事』1, 王曆 孝成王)
>
> b. 3월에 이찬 순원의 딸 혜명을 받아들여 왕비로 삼았다. (『三國史記』9, 孝成王 3년)
>
> c. ㄱ. 8월 파진찬 영종이 모반하였다.
>
> ㄴ. 이에 앞서 영종의 딸이 후궁으로 들어왔다. 왕이 몹시 사랑하여 恩渥이 날로 심하니 왕비가 질투하여 족인과 더불어 모의하여 죽였다.
>
> ㄷ. 이에 영종이 왕비 宗黨을 원망하여 모반하였다. (『三國史記』9, 孝成王 4년)

a에 의하면 효성왕의 妃 혜명의 父는 眞宗 角干이다. 그러나 혜명은 b에 의하면 김순원의 딸이다. 혜명은 후술하겠지만 박씨 왕비에 이어 왕비가 된 인물이었다. 더욱 c에 따르면 효성왕에게는 영종의 딸인 後宮이 있다.

---

53) 졸고, 앞의 논문 「新羅 孝成王代 政治勢力의 推移」, p.344.

이렇듯, 妃에 대한 기록이 세 갈래로 나와 있다. 그런데 c의 영종의 딸과 a의 진종의 딸을 동일시한 견해가 있다. 즉 박씨 왕비는 진종 혹은 영종의 딸이며 b의 혜명은 순원의 딸이라는 것이다.[54] 그러나 이러한 견해는 받아 들이기에 문제가 있다. 우선 앞서 본대로 효성왕에게는 태자 시절에 혼인하여 唐으로부터 책봉을 받은 박씨 왕비가 있었음은 분명하다. 그런데 c의 永宗의 딸은 '後宮'으로 되어있다. 박씨 왕비를 '後宮'으로 표현했다고는 생각되지 않는다. 오히려 박씨 왕비와 별도로 永宗의 딸이 후궁으로 있었다고 보는 것이 순리일 것이다. 그렇다면 『삼국유사』에 혜명의 父라고 되어 있는 진종과 『삼국사기』의 김순원 가운데 어느 쪽이 혜명의 父일까. 그것은 『삼국사기』의 기록대로 後妃인 혜명은 金順元의 딸임이 분명하다고 본다. 그리고 『삼국유사』에 보이는 진종은 효성왕의 첫째 부인인 박씨 왕비의 父가 아닐까 한다. 이렇듯 『삼국유사』의 기록에 착오가 나타난 것은 후일 효성왕의 왕비로 순원의 딸인 혜명만을 인식한데에서 비롯된 것이라 생각한다.[55]

이처럼 효성왕의 왕비족으로 진종, 영종, 순원 등이 있다. 이 가운데 김순원을 제외한 진종과 영종이 주목되는데 박씨 왕비의 父인 진종은 효성왕의 태자 시절부터 지지 세력이었다고 짐작된다. 아울러 파진찬 영종도 역시 효성왕의 지지 세력이었을 것이다. 효성왕이 영종의 딸을 끔찍이 아꼈다는 것이 그것을 짐작하게 한다. 말하자면 효성왕은 일부 왕비족을 지지 기반으로 하여 정국을 주도하고자 하였다고 보여진다. 그러나 김순원의 경우는 후술되겠지만 그의 딸인 왕비가 효성왕이 총애한 後宮을 질투하고 마침내

---

54) 金壽泰, 앞의 논문, pp.108-109. 및 井上秀雄, 「新羅 政治體制の變遷過程」, 『新羅史 基礎研究』, 1974, pp.455-456.

55) 졸고, 앞의 논문 「新羅 孝成王代 政治勢力의 推移」, pp.345-346.

族人을 동원하여 살해하였다는 것에서 효성왕과는 정치적 입장이 달랐다고 보겠다.

또한, 효성왕의 지지세력으로 짐작되는 일단의 세력을 찾아볼 수 있다. 다음을 보자.

　　7월에 한 緋衣를 입은 여인이 隸橋 아래서 나와 조정을 비방하여 孝
　　信公의 문을 지나가다 갑자기 사라졌다. (『三國史記』9, 孝成王 4년)

이는 緋衣를 입은 여인이 조정을 비판하였다는 것으로, 내용이 대단히 상징적이어서 어떻게 받아들여야 될지 모르겠다. 그러나 이 기록이 효성왕의 先妃 박씨 왕비의 出宮과 後妃인 김순원의 딸 혜명의 왕비 책봉, 김순원의 외손자이며 효성왕의 異腹 동생인 헌영의 태자 책봉, 그리고 영종의 딸인 후궁의 살해 사건 등 중요한 정치 상황에 뒤이어 나온 점이 주목된다. 따라서 위 내용은 당시 정치 상황의 전개와 밀접한 관계가 있다고 본다. 말하자면 당시 정국은 효성왕의 정치적 위치를 위축시키고 있었다. 바로 이러한 상황을 緋衣를 입은 여인이 비판하였다. 이는 緋衣를 입은 여인으로 상징되는 세력이 당시 정국의 전개에 불만을 가졌던 것으로 볼 수 있지 않을까 한다.56) 곧 이들은 한편으로 효성왕의 지지세력이었다고 할 수 있겠다. 그러면 緋衣로 상징되는 세력은 구체적으로 누구일까. 여기서 '緋衣'는 관복을 상징한다고 본다. 緋衣는 6관등에서 9관등에 해당하는 관리들의 복색으로, 緋衣를 입은 관리들이라 하면 하급 진골 귀족이거나 6두품 귀족

---

56) 김수태는 이를 태자(헌영)가 비정상적으로 책봉되는 등의 일련의 정치상황에 대한 박씨 왕비 세력을 포함한 진골 귀족 세력의 불만의 표시였다고 하였다. 앞의 논문, p.121. 그가 박씨 왕비족의 불만을 나타낸 것이라고 살핀 점은 타당하나 이들을 왕권과 대비되는 존재로 이해한 것은 찬동하기가 어렵다.

들을 일컫는 것이 아닐까 한다.57) 그렇다면 이들 하급 귀족들이 효성왕의
지지 세력이었다고 볼 수 있겠다. 그들은 왕권과 연결됨으로써 그들의 정치
적 지위를 확보하고자 하였을 것이다. 결국 朴氏 王妃族을 포함하여 당시
비교적 소외된 세력 및 하급 귀족들의 지지를 바탕으로 효성왕은 정국을
운영하고자 하였던 것으로 믿어진다.

한편, 효성왕은 즉위하면서 새로운 세력 기반을 마련함과 동시에 그와
정치적 견해를 달리하였던 김순원 세력에 대한 배려도 하였다고 본다. 다음
을 보자

    a. 아찬 의충을 中侍로 삼았다. (『三國史記』9, 孝成王 즉위년 4월)
    b. 舒弗邯 김의충의 女를 받아들여 왕비로 삼았다. (『三國史記』9, 景
德王 2년 4월)

효성왕이 즉위하면서 의충을 中侍로 삼았다는 것으로 매우 시사적이
다.(a) 의충은 이미 성덕왕 34년 唐에 賀正使로 파견되어 활동한 인물이었
다.58) 그는 中侍職에 오른지 얼마 되지 않아 효성왕 3년에 卒하였다.59) 그
런데 의충의 딸이 경덕왕의 왕비가 되었다는 것이다.(b) 경덕왕은 효성왕의
異腹 아우로서 김순원의 외손자였다. 경덕왕이 효성왕때 王弟로서 태자로
책립될 수 있었던 것은 김순원의 영향에 힘입은 바 크다고 하겠다. 따라서
경덕왕의 혼인에는 김순원의 영향력이 작용하고 있었다고 짐작할 수 있겠
다. 그렇다면 이미 사망한 의충의 딸을 왕비로 맞아들인 데는 생전의 김의

---

57) 이호영은 緋衣를 입은 사람들은 유학에 밝은 6두품들일 것이라고 하였다. 앞의 논문,
    p.11.
58) 『삼국사기』8, 성덕왕 34년.
59) 『삼국사기』9, 효성왕 3년.

충과 김순원의 관계가 밀접했을 것으로 여겨진다.[60] 이미 성덕왕대부터 김
의충과 김순원은 밀접한 관계였다고 생각된다. 그러한 김의충을 효성왕은
즉위하자마자 바로 中侍에 임명하였다는 것이다. 이는 당시 효성왕과 정치
적 이해 관계를 달리하고 있는 김순원측에 대한 배려에서 나온 것은 아닐
까 짐작한다. 즉, 갑작스럽게 효성왕이 그의 측근 세력만을 키우고 그와 반
대편에 있는 정치세력을 소외시키는 것은 정국 운영에 있어 부담으로 작용
하였을 것 같다. 이에 김순원 세력을 포용함으로써 정국 안정을 꾀하려 했
다고 보여진다.[61]

이와 관련하여 효성왕은 자신의 왕위 계승에 도움을 주었던 공신 세력을
배제시키기도 한 것 같다. 이것은 앞서 살핀 김신충의 경우에서 찾아볼 수
있다. 즉 효성왕이 즉위 후 김신충을 공신 책정에서 제외시키자 김신충이
그것을 원망했다고 한다. 왜 효성왕이 자신을 지지한 인물을 등용하지 않고
배제시켰을까. 단순한 효성왕이 착오를 범했다고 볼 수 있다. 하지만 이는
효성왕이 공신 세력의 일부를 정치적으로 배제시키는 모습의 일단을 보여
주는 것은 아닌가 한다.[62] 이를테면 효성왕은 공신들을 일정하게 견제하여
정국 운영의 폭을 넓히고자 하였다고 본다. 이렇듯 효성왕은 박씨 세력 및
하급 귀족들을 지지 기반으로 그의 즉위에 도움을 준 공신 세력을 견제하

---

60) 경덕왕이 의충의 딸과 혼인하기 이전에 이미 순정의 딸과 혼인한 바 있다. (『삼국사기』
    9, 경덕왕 즉위년) 그녀가 후일 황룡사 종의 鑄造에 참여한 삼모부인이었다. 그녀의
    父인 순정은 이미 성덕왕때 사망하였다. 따라서 그녀와 경덕왕의 혼인에는 순정과 순
    원 간에 어떤 관계가 있었다고 추측된다. 그런데 다시 경덕왕이 의충의 딸과 혼인하고
    있다. 의충은 삼모부인과 형제간이라고 한다. 浜田耕策, 앞의 논문, pp.36-37. 결국 김
    순정 일족이 헌영과 연이어 혼인하고 있는 셈이다. 이러한 상황 전개에 김순원의 영향
    력이 있음은 분명하다.
61) 졸고, 앞의 논문「孝成王代 政治勢力의 推移」, p.348.
62) 김수태는 효성왕은 측근 세력이 성장하여 왕권을 제약하는 요소로 작용하는 것에 불만
    을 품었다고 하였다. 앞의 논문, p.114.

는 한편 반대 세력에 대한 유화책을 병행하여 권력기반을 안정시키고자 하였다. 말하자면 정치 세력간의 세력 균형을 꾀한 셈이다.

그러나 이러한 효성왕의 구상은 뜻대로 이루어지지 않았다. 우선 김신충으로 대표되는 공신 세력이 효성왕에게 반발하였다. 이에 효성왕은 그에 대한 무마에 나섰다. 효성왕 3년 정월에 中侍 의충이 죽자 그 후임으로 김신충을 임명하였던 것이 그것이다.[63] 그러나 이 과정에서 김신충은 이미 효성왕의 정치 노선에 반대하고 오히려 당시 정치적으로 중요한 위치에 있던 김순원 측의 입장에 동조하고 나선 것으로 보인다. 이때 구체적으로 김신충 등이 김순원과 결합했다고 볼 수 있는 증거는 찾아지지 않는다. 그러나 김신충이 中侍가 된 직후에 김순원의 딸인 혜명이 새 왕비가 되고, 김순원의 외손인 王弟 헌영이 태자에 봉해지는데, 이는 김신충의 정치적 행보와 관계가 있다고 본다. 따라서 이제 정국은 크게 변동하였다.[64] 곧 정국의 흐름이 김순원측으로 유리하게 전개되었다. 이것은 김신충 등 공신 세력의 향배에 의해 정치세력간의 힘의 균형이 무너졌음을 뜻한다. 다음을 보자.

3월에 이찬 순원의 딸 혜명을 妃로 삼았다. (『三國史記』9, 孝成王 3년)

위는 효성왕이 순원의 딸을 왕비로 맞아들였다는 것이다. 이미 효성왕에게는 박씨 왕비가 있었다. 그럼에도 새로이 김씨 왕비를 맞아들였다. 그리고 새 김씨 왕비는 이듬해 唐으로부터 책봉까지 받았다.[65] 이를 보면 이때 박씨 왕비가 출궁되었는가는 분명하지 않지만 김씨 왕비가 박씨 왕비를 대

---

63) 『삼국사기』9, 효성왕 3년.

64) 金壽泰, 앞의 논문, p.116.

65) 『삼국사기』9, 효성왕 4년 3월.

신하였다는 것은 분명하다. 그러면 효성왕이 김씨 왕비를 맞아들인 이유는 무엇일까 궁금하다. 박씨가 無子였기 때문이었을까 의심을 해볼 수 있다. 하지만 그때는 효성왕이 왕이 된 지 얼마 지나지 않았으므로 無子를 이유로 새로운 왕비를 맞아들였다고 보기 어렵다. 따라서 다른 정치적 이유가 있었을 것이라 생각된다. 여기서 우리가 관심을 갖는 것은 김씨 왕비의 父가 당시의 실력자인 김순원이라는 점이다. 이때 김순원의 딸이 박씨 왕비를 밀어내고 왕비가 된 것은 무엇을 의미하는 것일까. 김순원은 이미 성덕왕대부터 왕비족으로서 상당한 정치적 지위를 누려 왔다. 그러나 성덕왕의 끊임없는 견제와 효성왕의 독자적인 세력 구축 등으로 김순원은 긴장 상태에 있었다고 보여진다.

그리고 효성왕의 왕권 강화 노력은 김순원에게 위협이 되는 것이었다고 본다. 김순원은 이러한 상황을 타개하기 위해 그들 세력을 결집시켰다. 이때 있은 김신충과 같은 왕당파가 김순원 쪽으로 기울게 됨으로써 정치적 역학 관계에서 변화가 나타났다. 즉 김순원측은 반대 세력에 대한 공세에 나섰다고 본다. 곧 박씨 왕비족이나 하급 귀족들에 대한 공세를 취하였고, 이들은 이 각축에서 패배하였다고 추측된다. 이 각축에서 승리한 김순원측은 정치적 지위를 확고히 하고자 하였다. 그것이 박씨 왕비를 밀어내고 자신의 딸을 왕비로 앉히는 것으로 나타났다고 본다.[66]

이러한 김순원측의 정치적 공세는 다른 형태로 계속되었다. 다음을 보자.

   a. 2월에 王弟 헌영을 파진찬에 임명하였다. (『三國史記』9, 孝成王 3년)

---

66) 김수태는 효성왕대 김순원의 딸이 後妃로 등장하는 것은 효성왕대의 정치상황의 반영으로써 박씨 왕비족을 비롯한 진골 귀족 세력과 김순원 세력의 충돌을 의미한다고 하였다. 앞의 논문, p.117. 하지만 그의 주장은 효성왕이 김순원 세력 등을 견제하기 위해 박씨족과 연결했다는 주장과 모순이 된다.

b. 5월에 파진찬 헌영을 태자로 삼았다. (上同)

효성왕의 王弟인 헌영을 태자로 책봉하였다는 것이다. 헌영은 효성왕의
同母弟로 되어 있으나 앞장에서 이복 형제로 추정한 바 있다. 왜 효성왕이
즉위한지 3년도 채 못되어 王弟를 태자로 책봉했을까 궁금하다. 효성왕이
왕위에 오른 지 겨우 3년도 되지 않았기 때문에 박씨 왕비에게서 왕자를
기대할 수 있었을 것이고, 그리고 바로 앞서 김순원의 딸인 혜명왕후 김씨
가 왕비로 책립되었으므로 이제 혜명왕후에게서도 後嗣를 기대할 수 있었
을 것이다. 그런데 혜명왕후를 맞아들인 다음달에 헌영을 태자로 책봉하였
다. 이것은 헌영의 태자 책봉 이유가 단순히 효성왕의 無子 때문이 아니라
는 점을 분명히 해준다.

그러면 효성왕이 헌영을 태자로 책봉한 이유는 무엇일까. 이는 효성왕의
의지가 아니라는 것은 확실하다. 오히려 당시 정국의 주도권을 장악하며
박씨 왕비를 밀어내고 혜명왕후를 앉힌 김순원 세력의 영향 때문이라 짐작
된다. 그러면 김순원 등은 자신의 소생을 왕비로 앉혔음에도 불구하고 왜
서둘러 그의 외손인 헌영을 태자로 책봉하였을까. 그것은 당시 정치 상황
속에서 좀더 자세히 살펴져야 할 것 같다.

당시 김순원 세력에 의해 왕비가 出宮되는 상황에서 박씨 왕비족을 비롯
한 효성왕의 지지세력들의 반발이 예상외로 강력하게 나타났다. 이를테면
앞서 든 緋衣입은 여인이 조정을 비방했다는 것에서 緋衣 입은 여인으로
상징되는 하급 귀족들의 반발을 상정할 수 있다. 이러한 긴박한 상황에서[67]
김순원측은 혜명왕후가 있었지만 자신의 외손인 헌영을 태자로 책립함으로

---

67) 김수태는 이에 대한 구체적인 설명 없이 헌영의 태자 책봉이 긴박한 상황 속에서 이루
어졌다고 하였다. 윗 논문, p.120의 주25.

써 더욱 정국 주도의 고삐를 당겼다고 본다. 이렇게 보면 태자 책봉 과정이 비정상적임을 알겠다. 이는 경덕왕이 자객을 보내 그의 형인 無相을 죽이려 한 적이 있는데, 그의 비정상적인 태자 책봉과 관련하여 시사하는 바 크다.[68] 이제 김순원 세력이 왕위 계승 문제에까지 영향력을 행사하였다고 여겨진다.

한편, 이러한 김순원측의 일련의 행위에 대해 효성왕은 어떠한 태도를 보였을까. 이를 알 수 있는 어떠한 기록도 쉽게 보이지 않는다. 여기에 앞서 인용한 바 있는 다음의 기록을 참고해 보자.

> 이에 앞서 영종의 女가 후궁으로 들어왔다. 왕이 몹시 사랑하여 恩渥
> 이 날로 심하니 왕비가 질투하여 族人과 더불어 모의하여 죽였다.

여기서 주목되는 것은 혜명왕후 入宮 이전에 영종의 딸이 後宮으로 있었는데, 효성왕은 혜명이 왕후에 책봉된 후에도 계속 영종의 딸인 후궁에게 더욱 깊은 마음을 주었다는 사실이다. 이것은 효성왕이 새로 왕비가 된 순원의 딸인 혜명왕후를 기피하였다는 것으로 받아들여진다. 이는 곧 효성왕이 김순원 세력에 의한 정국 운영에 간접적으로 불만을 표시한 것으로 볼 수 있다고 생각된다. 또한 김순원측의 정국 운영에 대해 효성왕 외에도 다른 정치 세력들도 그것에 반발하고 있었다. 즉 앞서 언급한 대로 하급 진골 귀족이나 6두품 귀족들이 왕권과 연계되어 그들의 정치적 지위를 신장시켜 가고 있었다. 따라서 이들은 김순원의 득세로 왕권이 위축되는 상황에 크게

---

68) (前略)(無)相之弟本國新羅爲王矣 懼其却廻其位危殆將遣 刺客來屠之 相已冥知矣. (宋 高僧傳, 唐成都淨衆寺 無相傳) 崔炳憲, 앞의 논문, pp.90-91. 한편, 김수태는 무상을 경덕왕의 弟로 파악하였다. 앞의 논문, p.120의 주25.

불만을 가졌을 것이라 여겨진다.[69]

그러나 이러한 효성왕측의 움직임에 대해 김순원측은 後宮 살해라는 극단적인 조처를 사용하여 효성왕의 의도를 차단하고자 하였다. 이것은 나아가 김순원의 정국 운영에 불만을 품은 반대 세력에 대한 경고이기도 했다. 하지만 영종 등은 그의 딸이 김순원 세력에 의해 살해되는 상황이 전개되자 마침내 그들과 정면으로 맞섰다. 그것이 영종의 모반 사건으로 나타났던 것이 아닌가 한다. 이것은 단순히 영종 한 세력의 반발은 아니었다고 보여진다. 거기에는 박씨 왕비족을 포함한 다른 효성왕의 지지 세력들이 가담하고 있었다고 생각한다. 물론 이러한 반발의 실패는 이는 김순원측에 맞서는 정치 세력의 몰락을 의미하는 것이기도 하였다. 그리고 효성왕 때의 정국을 김순원측이 주도하였으며, 이어 효성왕은 정치력을 점차 상실해 갔다고 본다. 그러다가 왕위에 오른 지 5년만에 죽었다고 보여진다.

요컨대 효성왕은 왕권을 안정시켜 나름대로 정국을 운영할 것을 구상하기도 하였으나 김순원 세력에 대한 적절한 통제의 실패 및 공신세력에 대한 처리의 미숙 등으로 공신 세력이 반발하여 김순원 세력에 가담함으로써 정치 세력간의 힘의 균형이 무너지고, 그로 말미암아 김순원측이 독단적으로 정국을 운영하게 되어 효성왕은 정국 주도력을 상실하였다. 이것은 외척의 대두로 왕권이 위축되어감을 뜻한다고 본다.

이제까지 聖德·孝成王代 귀족 세력의 동향을 왕비족을 포함한 지배 세력의 각축을 중심으로 살펴 보았다. 이를 요약하면 다음과 같다.

孝昭王權을 무너뜨린 귀족 세력에 의해 옹립된 성덕왕은 먼저 효소왕대

---

69) 졸고, 앞의 논문 「新羅 孝成王代 政治勢力의 推移」, p.362.

의 혼란스런 정국을 안정시키기 위해 관작의 승급 및 조세 감면 정책을 펼쳐서 관료 세력과 민심 수습에 힘을 기울였다. 또한 舍輪系 願刹인 皇福寺에 탑을 만들어 비정상적인 왕위 계승의 문제를 극복함과 동시에 對唐 외교를 적극 펼쳐 왕권을 안정시켰다. 아울러 성덕왕은 그를 추대한 귀족 세력들을 교묘히 각축시키면서 왕권을 안정시켜 갔다.

그러나 엄정왕후의 父인 김원태 세력이 김순원 세력과의 각축에서 패배하면서 정국의 주도권이 김순원에게 넘어가 엄정왕후가 出宮되었다. 그리고 김순원의 딸이 왕비가 되었다. 이때 태자 중경이 사망하자 성덕왕은 엄정왕후 소생인 승경을 태자로 삼았다. 여기서 성덕왕은 김순원 세력을 견제하기 위하여 中代 왕권에서 소외되어 있던 박씨족, 성덕왕 초에 소외되었던 김유신 가문, 그리고 하급 귀족 등과 결합을 꾀하였는데 김신충도 이에 가담하였다. 이러한 기반 위에서 효성왕이 왕위를 계승할 수 있었다.

효성왕은 즉위 후, 대외적으로는 박씨 왕비의 책봉을 당으로부터 받는 등 적극적인 對唐外交를 펼치었고, 대내적으로는 박씨족 및 하급 귀족의 지지를 바탕으로 그와 반대 입장에 있던 김순원측까지 회유하여 정국을 안정시키려 하였다. 반면, 김신충으로 대표되는 공신 세력을 배제시켜 왕권의 제약 요소를 제거하고자 하였다. 하지만 김신충과 같은 공신 세력의 이탈로 세력 균형이 무너져 김순원 등이 정국의 주도권을 잡아 박씨족, 하급 귀족 세력과 충돌하기에 이르렀다. 그것이 박씨 왕비의 출궁과 김순원 딸의 왕비 책봉으로 나타났다. 나아가 김순원 등은 그의 외손자인 헌영을 태자로 책립하는 등 왕위 계승 문제에까지 개입하였다. 이러한 김순원 세력에 효성왕과 박씨 왕비족 등이 반발하였으나 실패하였다. 이제 정국은 김순원 세력으로 대표되는 외척이 대두하는 상황이 전개되어 왕권은 위축되고 있었다고 하겠다.

제4장 景德王代 外戚勢力과 王權의 動搖

신라 경덕왕대는 中代 전제왕권이 동요하기 시작한 때라고 이해되고 있으나[1] 이 견해를 수긍하기 위해서는 아직 보완해야 할 몇 가지 중요한 문제점이 남아 있다고 생각한다.

우선 경덕왕의 즉위 과정에 대한 검토가 충분히 이루어지지 못했다고 생각된다. 말하자면 경덕왕의 왕위계승과 관련된 外戚세력의 움직임 등을 간과함으로써 경덕왕 즉위초의 정국의 동향을 파악하기 어렵게 하였다.[2] 다음으로 경덕왕대 정치사를 피상적으로 파악하고 있다는 느낌이다. 예컨대 경덕왕이 일련의 개혁 정책을 추진했다면 그것을 추진하려 했던 이유를 알아 보아야 할 것인데 실제는 그렇지 못했다. 곧 이제까지의 연구는 경덕왕대 정치사를 前王代와 연결하여 동태적으로 파악하지 못했다고 본다.

---

1) 경덕왕대 정치상황에 대한 주요한 연구 성과는 다음과 같다.
　李基白, 「景德王과 斷俗寺·怨歌」『新羅政治社會史研究』, 一潮閣, 1974.
　李泳鎬, 「新羅 惠恭王代 政變의 새로운 해석」『歷史教育論集』, 13·14合, 1990.
　金壽泰, 「新羅 中代 專制王權과 眞骨貴族」, 서강대 박사학위논문, 1990.
　申瀅植, 「新羅 中代 專制王權의 전개과정」『統一新羅史研究』, 三知院, 1990.
2) 물론 外戚 세력의 움직임을 전혀 살피지 않은 것은 아니지만 그것을 당시 정국의 흐름과 연결지어 설명하는 노력이 부족한 실정이다.

이에 필자는, 먼저 경덕왕의 즉위 과정을 당시 外戚세력의 동향과 관련하여 살펴보고자 한다. 이는 경덕왕초의 왕권과 정치 세력의 실체를 파악하는데 도움을 줄 것이다. 다음으로 경덕왕이 外戚 중심의 정국을 타개하기 위해 시도한 일련의 개혁 정책과 그 결과에 대해서 살펴보고자 한다. 이는 경덕왕대 정치의 흐름을 파악하는데 도움이 될 것이다.

1. 景德王의 즉위와 외척 세력

경덕왕은 성덕왕의 아들로 兄인 효성왕의 뒤를 이어 왕위에 올랐다. 이는

> 孝成王이 자식이 없어 憲英을 太子로 삼아 王位를 계승하였다. (『三國史記』9, 景德王 즉위년)

에서 알 수 있다. 그러나 憲英의 태자 책봉은 효성왕 재위 3년 5월에 이루어졌다. 이때 헌영의 태자 책봉은 효성왕이 아들이 없기 때문이었다 하나 효성왕이 즉위한 지 얼마 되지 않아 단지 아들이 없다는 이유만으로 이복 동생을 태자로 삼은 것은 수긍하기 어렵다. 더욱이 태자 책봉 바로 앞서 김순원의 딸이 왕비가 되었는데, 새 왕비를 통해 얼마든지 왕자를 얻을 수 있음에도 서둘러 그의 外孫인 헌영을 태자로 삼았다는 것은 다른 이유가 있었기 때문이다. 결국 헌영의 태자 책봉은 앞장에서 살펴보았듯이 김순원 세력이 효성왕을 지지하는 세력과의 각축에서 승리한 결과의 반영이었다.[3] 이 과정에서 효성왕을 지지하는 세력의 반발도 있었지만 김순원세력은 이

를 극복하면서 정국을 장악하여 갔다. 말하자면 경덕왕의 왕위 계승은 김순원 세력의 정국 주도 때문이라 하겠다.[4] 이로 미루어 볼때 경덕왕의 즉위는 당시 정치세력 사이의 각축의 산물로 비정상적이었던 것이다. 이 점은 경덕왕이 중국에서 高僧으로 활약한 그의 이복 형 無相을 제거하기 위해 자객을 보낸 데서도 확인되며[5] 이는 김순원 세력이 경덕왕을 옹립하는 데 장애가 되는 인물들을 모두 제거하려는 필사적인 노력을 기울였다는 것을 알려준다. 따라서 경덕왕을 왕위에 앉히는 데 결정적인 역할을 한 김순원 세력은 자연스럽게 왕의 外戚으로서 효성왕대에 이어 경덕왕대에도 정국의 주도권을 장악할 수 있었다.

한편 김순원과 함께 당시 외척으로서 영향력을 행사하면서 경덕왕대 정국에 중요한 위치를 차지한 세력을 더 찾을 수 있다.

    a. 先妃는 三毛夫人인데 後嗣가 없어 출궁시켰다. 後妃는 滿月夫人
    으로 諡號는 景垂王后 또는 景穆王后라고 한다. 義忠 角于의 딸이다.
    (『三國遺事』1, 王曆)
    b. 아들이 없어 폐하여졌으며 沙梁夫人에 봉해졌다. 后妃는 滿月夫人
    이다. (『三國遺事』2, 紀異 景德王·忠談師·表訓大德)

---

3) 本書 3장 참조
4) 景德王의 世系를 도표화 하면 다음과 같다.

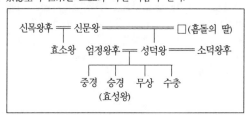

    신목왕후 ═══ 신문왕 ══════════ □(흠돌의 딸)

    효소왕 엄정왕후 ═══ 성덕왕 ══════ 소덕왕후

            중경 승경 무상 수충
               (효성왕)

5) 本書 3장 참조

c. (景德王)妃는 이찬 順貞의 딸이다. (『三國史記』9, 景德王 즉위년)

이에 의하면 경덕왕에게는 2명의 왕비가 있었다. 先妃는 삼모부인이며 後妃는 滿月夫人이었다. 삼모부인의 父가 김순정이라는 점에 주목하고자 한다.[6] 순정은 성덕왕대에 강릉태수를 거쳐[7] 上宰에까지 오른 후[8] 성덕왕 24년에 사망한 인물이다.[9] 여기서 순정의 딸이 언제 경덕왕과 혼인하였을 까 궁금해진다. 대체로 경덕왕이 태자로 책봉되던 효성왕 3년 무렵이 아닌 가 여겨진다.[10] 그때는 이미 순정이 사망한 후였다. 따라서 어떻게 순정의 딸이 태자비가 될 수 있었을까 궁금해진다.

여기서 앞서 언급한 것처럼 효성왕대의 정국을 김순원이 주도하였다는 점을 주목하고자 한다. 곧, 김순정의 딸이 태자비가 되는 데는 적어도 김순 원의 동의 없이는 불가능했을 것이다. 다시 말해 김순원이 김순정의 딸이 태자비가 되는 것을 도와 주었을 것이다.[11] 여기에는 김순원과 김순정이 혈연적인 관계 내지는 그에 상당하는 관계가 있지 않았나 추측된다.[12] 즉, 김순정과 김순원이 이미 성덕왕 때부터 정국 운영에 서로 공동 보조를 취 하고 있었다고 생각된다. 그리고 김순정 세력도 경덕왕이 태자로 책봉될 때에 김순원 세력과 협력했을 것이다. 나아가 경덕왕의 왕위 계승에 중요한 역할을 담당했을 것이다. 어쨌든 이제 김순정 가문도 경덕왕의 외척이 되었

---

6) 김순정에 대한 연구로 鈴木靖民, 「金順貞·金邑論」(『古代 對外關係史の 研究』, 1985.) 과 浜田耕策 『新羅の聖德大王神鐘と中代の王室』(『响沫集』3, 1980.)이 있다.
7) 『삼국유사』 2, 水路夫人.
8) 『속일본기』 33, 寶龜 3年.
9) 『속일본기』 9, 聖武天皇, 神龜 3年.
10) 浜田耕策, 앞의 論文, p.37.
11) 위와 같음.
12) 위와 같음. 그리고 申瀅植, 앞의 논문 p.136.

으며 경덕왕대 정국 운영에 커다란 몫을 갖고 있었다고 보여진다.

그러면 이처럼 경덕왕 즉위초의 정국 운영에 중요한 위치를 차지하였으리라 추측되는 김순원·김순정 등의 외척 세력을 살펴 보자. 그러나 이를 살필 수 있는 기록은 쉽게 찾아지지 않는다. 특히 김순원 가문의 모습은 거의 알 수 없다. 다만 김순정 가문의 모습은 조금 드러나 있다. 다음을 보자.

> 본국 上宰 金順貞의 때에 배가 계속 찾아오며 항상 職貢을 바쳤는데
> 지금 그 孫인 金邕이 追尋하고 共奉하였다.(『續日本紀』33, 寶龜 5년 3
> 월; 惠恭王 10년)

김순정의 孫으로 金邕이 있었다는 것이다. 김옹은 경덕왕 19년에 侍中 직에 오르면서 처음 모습을 드러낸 이후[13] 혜공왕 때는 '檢校使·兵部令 兼 殿中令·司馭府令·修城府令·監四天王寺府令 兼 檢校眞智大王寺使·上相 大角干'의 고위직에 있으면서 경덕왕 때 계획된 바 있는 聖德大王神鐘을 제작하는 제 1 책임을 맡기도 하였다.[14] 이처럼 그는 경덕왕·혜공왕대에 걸쳐 중요한 관직을 차지하였다. 이러한 그가 김순정의 孫이라는 것이 더욱 우리의 주목을 끈다.

김옹은 김순정과 어떤 관계에 있었을까. 우선 위의 기록에 보이는 孫의 의미에 대해 의견이 다르다. 이를 김순정의 아들이라는 뜻으로 살피는 견해와[15] 김순정의 孫子의 의미로 생각하는 견해가 있는데[16] 필자는 후자를

---

13) 『삼국사기』 9, 경덕왕 19년 4월.

14) 『韓國金石文全文』, 聖德大王神鐘.

15) 金邕을 김순정의 아들로 보는 견해는 今西龍, 「聖德大王 神鐘之名」 『新羅史の研究』, p.533 및 李昊榮, 「聖德大王 神鐘의 해석에 관한 몇 가지 문제」 『考古美術』125, 1975,

따른다. 김옹을 김순정의 孫子로 살피는 데는 다음과 같은 이유에서이다. 聖德大王神鐘의 명문을 보면 혜공왕대의 정치를 회고하는 가운데 '是知朝於元舅之賢 夕於忠臣之輔 無言不擇' 이라는 구절이 있다. 곧 元舅의 현명함과 충신의 도움으로 神鐘을 주조할 수 있었다는 것이다. 元舅는 왕의 외척을 뜻한다. 혜공왕 당시 왕의 외척으로 생각되는 인물로는 신종 제작의 제1 책임자로 나와 있는 김옹이 주목된다. 만일 김옹이 혜공왕의 외척이라면 혜공왕의 모후이며 경덕왕의 後妃인 만월태후와는 남매가 된다. 만월태후의 父는 義忠이다. 따라서 김옹의 父는 의충이 되며 김옹의 祖父는 위의 기록대로 순정이 되는 것이다. 그러므로 義忠은 順貞의 子가 되는 셈이다. 곧, 김순정의 딸인 경덕왕의 첫째 부인인 三毛夫人은 義忠과 남매간이 된다. 이같이 살필 때 김순정 가문은 경덕왕과 이중 혼인을 통해 세력을 형성하고 있었다고 하겠다.[17] 이 관계를 도표로 나타내면 다음과 같이 된다.

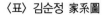
〈표〉 김순정 家系圖

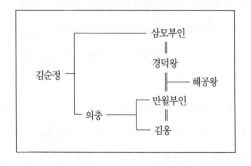

---

p.13. 김수태도 이 견해를 따르고 있다. 앞의 論文, p.141.

16) 浜田耕策, 앞의 論文, pp.35-36.

17) 이처럼 金邕이 김순정의 손자라는 사실은 당시 정국 이해와 관련하여 대단히 중요한 문제라고 생각된다. 金邕을 김순정의 아들로 살핀 연구의 경우를 보면 김순정과 義忠을 대립된 관계로 파악하여 당시 정국을 살피려 하고 있는데 잘못이라 생각한다.

한편, 김순정은 성덕왕 24년에 이미 사망하였고, 의충 역시 효성왕 2년에 졸하였다.[18] 따라서 경덕왕대는 김옹이 그들 세력을 대표하여 왕의 외척으로서 활동을 하였으리라 생각된다. 김옹 외에도 김순정 세력으로 여겨지는 인물을 더 찾아 볼 수 있다.

新羅 35대 景德王 天寶 13년 甲午에 皇龍寺鐘을 주조하였다. 길이는 10丈 3寸이고 두께는 9寸이며 무게는 49만7천5백81 斤이었다. 시주는 孝貞 이찬과 三毛夫人이다. (『三國遺事』3, 塔像 皇龍寺鐘·芬皇寺藥師·奉德寺鐘)

경덕왕 13년에 완성된 皇龍寺鐘의 시주자가 孝貞과 三毛夫人이라는 것이다. 삼모부인이 김순정의 딸로서 경덕왕의 첫째 부인이라는 것은 이미 살핀 바 있다. 효정은 일찍이 성덕왕대에 잠시 중시를 역임한 바 있다.[19] 이때 효정이 황룡사종의 주조에 시주자로서 참여하고 있는 것은 적어도 그가 경덕왕대에 활동하였음을 말해준다. 이처럼 두 사람이 시주자로 함께 나오는 것은 삼모부인과 효정이 어떤 관계 이를테면 친족 관계에 있었지 않나 추측할 수 있다.[20] 그렇다면 삼모부인의 父인 순정과 효정이 친족 관계에 있었다고 생각할 수 있지 않을까 한다. 곧 효정도 경덕왕의 외척이 되는 셈이다. 한편 경덕왕 2년에 王妃의 교체라는 중요한 사건이 있었다.

夏4月 舒弗邯 金義忠의 딸을 맞아들여 王妃로 삼았다. (『三國史記』9,

---

18) 『삼국사기』9, 효성왕 3년.
19) 孝貞은 성덕왕 13년 정월부터 17년 정월까지 侍中職에 있었다.
20) 浜田耕策, 앞의 논문, p.39. 한편 李基白도 이러한 입장을 취하였다. 「新羅 執事部의 成立」앞의 책, p.168.

景德王 2年)

　새로이 金義忠의 딸을 왕비로 맞아들였다는 것이다. 여기서 새 왕비는
滿月夫人으로 三毛夫人의 조카였다. 왜 경덕왕이 즉위한 지 얼마 되지 않
은 시기에 김순정 가문 내에서 왕비 교체를 하였을까 궁금하다. 이에 대해
『삼국유사』에는, 앞서 인용하였듯이, 아들이 없어 폐하였다고 되어 있지만
또 다른 이유가 있지 않을까 추측된다. 이에 대해 경덕왕이 왕비족의 교체
를 통해 왕권 강화를 시도했다는 견해가 있다. 즉, 三毛夫人 세력(김순정
세력)이 왕권을 견제하고 있었기 때문에 왕비족의 교체를 통해 왕권을 강화
하려 했다는 것이다.[21] 그러나 이 견해는 먼저 順貞과 義忠이 父子관계라
는 사실을 간과한 채 나온 결과라는 점을 지적하고 싶다. 또한 이 견해는
김순정 세력은 反專制主義的인 성격이 있었고 김순원 세력은 專制 왕권을
옹호하는 측면이 있었다는 상반된 시각에서 출발하고 있다는 점을 지적하
고 싶다. 앞서 언급했지만 김순원·김순정은 서로 혈연 관계 내지는 그에
상당하는 관계를 유지하고 있었고, 이 두 세력이 연결되어 성덕·효성왕대
의 정치 권력을 장악해 갔다고 할 수 있다. 이러한 이해 위에서만이 효성왕
대의 왕비 교체 및 王弟인 헌영의 태자 책봉 그리고 거의 동시에 이루어진
헌영의 순정의 딸과의 혼인 등을 제대로 파악할 수 있다고 믿는다. 곧 두
세력을 적대관계로 보는데는 찬동할 수 없다.

　그렇다면 왕비 교체 문제는 어떻게 살펴야 할까. 이를 알 수 있는 이렇다
할 기록은 없다. 다만, 당시 정국을 주도하던 김순정의 딸에서 그의 孫女로
왕비가 바뀌어지고 있다는 점에 주목하여 다음의 추측은 가능하리라 본다.
경덕왕이 태자로 책봉될 때에 김순정의 딸을 태자비로 바쳤으나 혼인한 지

---

　21) 金壽泰, 앞의 논문, pp.140-146.

몇 년이 지나도 삼모부인에게서 아들이 없었다. 이때 김순정측에서는 하루 바삐 후계를 정하는 것이 그들의 세력 유지를 위해 중요한 문제였을 것이다. 다시 말해 반대 세력이 無子를 구실로 정치적 공세를 펼 가능성을 배제할 수 없었기 때문에 김순정 가문에서는 새 왕비를 간택함으로써 이러한 문제에 대비하고자 한 것이 아닌가 한다. 아울러 삼모부인과 경덕왕의 관계가 원만하지 않은 것도 왕비 교체 요인이 되었으리라는 생각이 든다. 後妃인 만월부인이 왕비가 된 지 14년만에 왕자를 낳았지만 그 동안 아들이 없다는 이유로 출궁되지 않고 왕비의 지위를 계속 유지하고 있었던 것도 외척세력이 그만큼 강한 결과가 아닌가 한다.[22]

이처럼 외척 세력이 정국의 주도권을 장악함으로써 경덕왕의 정국 운영은 많은 어려움을 겪게 되었다고 본다. 이때 경덕왕의 왕권 행사가 외척들에 의해 제약을 받고 있었다는 구체적인 증거는 쉽게 찾아지지 않는다. 그러나 다음의 몇 가지 검토를 통해 이러한 추측을 할 수 있다.

秋8월 비로소 貞察 1명을 두어 百官을 糾察케 하였다. (『三國史記』9, 景德王 7년)

이것은 경덕왕이 관리들을 감찰하는 관원으로 貞察을 두었다는 것이다. 정찰은 內省의 監察 기구인 內司正典에 속한 관직이었다.[23] 이는 경덕왕이 內司正典을 설치하고 司正府의 기능을 강화하는 등 감찰기구에 대한 정비를 강화하는 과정에서 만들어진 것이다.[24] 그러면 경덕왕이 즉위 초부

---

22) 만월부인이 왕자를 낳는데 시간이 걸린 것은 만월부인의 나이가 어렸기 때문이라는 의견도 있다. 浜田耕策, 앞의 논문, p.37.

23) 『삼국사기』39, 雜志, 內省.

24) 경덕왕대의 감찰 기구에 대해서는 다음 절에서 언급될 것이다.

터 감찰기구를 정비하고자 하는 이유는 무엇일까 궁금하다. 여기에는 물론 확대된 관료 기구를 통제하려는 의도가 있었다고 본다.[25] 그러나 한편으로 특히 경덕왕대에 감찰기구의 기능을 강화하고 있는 것은 당시 관의 기강이 해이해져 있었기 때문이라고 생각된다. 그것은 왕을 중심으로 하는 국가의 공적 질서가 확립되어 있지 못함을 의미한다고 본다. 이를테면 왕권이 안정적으로 유지되고 있지 못함을 반영하는 것으로 생각된다.

또한, 경덕왕은 父王인 성덕대왕을 기리는 碑를 세우고 계속하여 聖德大王神鐘 제작을 계획하였다. 이것은 父王인 성덕왕을 추앙하기 위해서라고 생각할 수 있다. 그러나 한편으로는 성덕왕대의 정치를 빌어 그의 왕권을 안정시키려는 의도가 있다고 할 때,[26] 이 역시 그만큼 경덕왕의 왕권이 불안정했다는 증거가 아닌가 한다. 그리고 경덕왕대 각종 佛事가 대대적으로 행해진 것도[27] 동요하고 있는 불안정한 왕권을 佛力으로 안정시키려는 의도가 있다고 여겨진다. 곧 이는 경덕왕대의 왕권의 다른 모습을 찾게 된다.

이처럼 경덕왕대의 왕권이 불안정한 이유는 앞서 언급했듯이 아무래도 외척들이 정국을 주도하였기 때문이 아닌가 한다. 이에 경덕왕은 이러한 어려움을 타개하기 위해 노력을 기울였다.

---

25) 李基東,「新羅 中代의 官僚制와 骨品制」『新羅 骨品制社會와 花郎徒』, 一潮閣, 1984, pp.126-126.

26) 李昊榮,「新羅中代 王室과 奉德寺」『史學志』8, pp.14-15. 李基白「統一新羅와 渤海의 社會」『韓國史講座』(古代篇), 一潮閣, 1982, p.310. 그리고 金英美「統一新羅 阿彌陀信仰의 성격」『新羅 彌陀淨土思想 硏究』, 民族社, 1988, p.164.

27) 경덕왕대 佛事 사례는 불국사, 석굴암의 창건, 皇龍寺鐘·奉德寺鐘의 주조, 藥師佛·本尊佛·사방불의 조상 등을 대표적으로 들 수 있다.

2. 景德王의 체제 정비와 外戚 세력의 반발

경덕왕은 외척 세력에 둘러싸여 즉위초부터 제대로 정치력을 행사하지 못하였다. 이러한 상황을 극복하기 위해 경덕왕은 상당한 노력을 기울였다.

태후를 永明新宮으로 移居시켰다. (『三國史記』9, 景德王 7년)

경덕왕 7년에 新宮을 새로이 지어 태후의 거처를 옮겼다는 것이다. 이때 태후는 김순원의 딸인 孝成王妃 惠明을 일컫는다고 생각한다. 그런데 태후의 거처를 옮기는 문제는 간단히 생각할 수만은 없다고 본다. 말하자면 태후의 거처가 정확히 어디인지 알 수 없지만 새로 옮긴 신궁이 왕궁에서 멀리 떨어져 있는 곳이라면, 태후의 新宮 移居 조치는 태후의 정치적 영향력에서 벗어나려는 의도에서 비롯되었다고 볼 수 있다. 여기에서 태후의 영향력이라 하면 태후 자신은 물론이지만 특히 태후의 父인 김순원 세력을 일컫는다고 볼 수 있다. 따라서 태후의 新宮으로의 이거는 경덕왕이 이제 자신의 왕위계승에 영향을 준 외척 세력으로부터 벗어나려는 구체적인 시도를 하였다고 볼 수 있다.[28]

경덕왕이 외척세력의 영향에서 벗어나 독자적인 정치력을 행사하려는 움직임은 감찰기구의 정비에서도 확인할 수 있다.

東宮을 수리하고 또 司正府를 두었다. (『三國史記』9, 景德王 4년 7월)

---

28) 김영미는 경덕왕이 자신의 즉위 배경이 되었던 세력까지도 제거하고자 하였던 것으로 파악하였다. 앞의 논문, pp.162-163.

중앙 행정 감찰 기구인 司正府가 경덕왕 4년에 설치되었다는 것이다. 司正府의 설치에 대해서 職官志에는 태종 5년에 설치되었다고 되어 있어[29] 어느 것이 옳은지 쉽게 판단 할 수 없다. 그러나 설사 태종 5년에 사정부가 처음 설치되었다 하더라도 경덕왕 4년에 위와 같이 설치되었다는 기록이 보이는 것은 나름대로 의미가 있다고 생각한다. 그것은 곧 경덕왕 4년에 어떤 형태로든지 사정부가 재정비되어 가는 모습을 보여주는 것이라 생각되기 때문이다.

司正府의 정비와 더불어 경덕왕은 또한 내성에도 감찰기구를 설치하였는데, 內司正典이 그것이다. 내사정전은 경덕왕 5년에 설치된 후 18년에 建平省으로 관호 변경이 이루어지기도 하였다. 여기에는 議決 1명, 貞察 2명, 史 4명의 관리가 있었다. 이와 같이 사정부의 정비와 더불어 계속해서 내성에 감찰기구를 둔 것은 감찰기구의 확대를 통해 왕권을 강화하려는 경덕왕의 의도가 작용했다고 여겨진다.[30] 이를테면 외척들의 권력 독점으로 인해 해이해진 기강을 바로잡고 나아가 외척 세력을 견제하려는 의도가 있었던 것은 아닐까 생각한다. 물론 경덕왕이 이들 감찰기구를 통해 외척 세력들을 어떻게 견제하려 했었나 하는 것은 구체적으로 잘 알 수 없다. 그런데 계속하여 경덕왕 7년에 內司正典에 속한 貞察이 추가로 설치되었다. 貞察은 위에 언급한 內司正典에 속한 관직이었다. 內司正典은 경덕왕 5년에 설치되었는데 貞察이 이때 두어졌다는 것은 어떻게 보아야 할까. 즉, 경덕왕 5년에 內司正典이 설치될 때 內司正典 소속의 관직의 정비가 미비한 상태였는지, 아니면 더욱 확대된 것인지 궁금하다. 여기서는 후자의 가능성

---

29) 『삼국사기』38, 職官(上)

30) 이기동은 경덕왕이 권력 집중을 시도하면서 감찰 기구를 확대 강화하였다고 살폈다. 앞의 논문, p.125.

이 높다고 생각한다. 그런데 여기서 중요하게 생각되는 것은 정찰을 확대 강화한 시점이 앞서 언급한 태후의 新宮 이거와 바로 이어진다는 점이다. 뿐만 아니라 그것의 설치 사실이 구체적으로 언급되고 있다는 점도 특이하다. 이는 정찰의 설치가 태후의 이거 조치와 맞물려 나온 조치가 아닌가 한다. 말하자면 정찰의 설치와 같은 감찰기구의 정비는 해이해진 관리들의 기강 확립은 물론 외척세력을 견제하며 왕권을 강화하려는 정치적 목적에서 비롯되었다고도 볼 수 있다. 그러나 이러한 경덕왕의 왕권 강화 노력은 뜻대로 이루어지지 않았다.

> 內外官에게 敎旨를 내려 휴가를 60일 이상한 자는 관직에서 내보내라 하였다. (『三國史記』9, 景德王 17년)

경덕왕이 관기가 해이해져 있는 관리들을 파면하겠다는 것이다. 이것은 당시 관리들의 기강이 확립되어 있지 못함을 뜻한다.[31] 말하자면 경덕왕이 감찰기구를 정비하여 관리들의 기강을 바로잡으려 하였지만 뜻대로 이루어지지 않았다는 것이다. 이것은 그만큼 외척 세력으로 대표되는 정치 세력들이 왕권의 행사를 제한하고 있었다고 본다. 따라서 경덕왕은 왕권을 확립하기 위하여 위의 기록처럼 더욱 강도 높은 조치를 취해갔다고 생각한다. 한편, 이러한 상황에서 경덕왕은 일련의 실무 관직들을 많이 만들었다. <표 참조>

---

31) 李昊榮, 「新羅 中代 王室과 奉德寺」, p.11.

〈표〉 景德王代 新設된 官職(員)

4년	司正府, 少年監典, 穢宮典
5년	國學諸業博士, 助敎설치
7년	貞察 1인(司正府)
8년	天文博士 1인, 漏刻博士 6인
9년	御龍省奉御 2인
11년	東宮衙官 上大舍 次大舍 1인, 倉部史 3인 증치
16년	調府史 2인 증치
17년	律令博士 2인 증치

이 때 신설된 관직들을 보면 앞서 언급되었듯이 감찰기구에 대한 정비가 이루어졌다는 점을 우선 지적해야 할 것 같다. 사정부와 정찰의 설치가 그것을 말해주는데, 이는 왕권을 강화하려는 경덕왕의 의지를 반영한 것이라고 생각한다. 다음으로 國學의 조직이 정비되고 있다. 국학은 이미 신문왕대에 유교 교육을 강화하여 왕권의 토대를 군건히 하려는 의도로 설치된 교육 기관인데,[32] 이제 博士와 助敎가 추가로 설치되고 있는 것은 그 기능을 강화하려는 것으로 본다. 또한 倉部와 調府에 실무 관리인 史를 증원하고 있는 것도 주목된다. 倉部는 진덕왕 5년에 설치된 관부로 국가 재정을 담당하였으며, 調府는 그보다 앞서 진평왕 6년에 설치되어 貢賦를 담당하였다. 말하자면 倉部·調府 모두 국가 재정과 관련하여 중요한 역할을 담당하였다고 하겠다. 이들 관부의 실무 관직이 이때 보강되고 있는 것은 경덕왕 때 국가 재정 수요가 증가함을 나타내 준다고 본다. 즉 경덕왕대에 관료 제도의 정비와 대대적인 불사 등으로 국가 재정이 고갈된 것과 관련지어

---

32) 李基白,「新羅 骨品體制下의 유교적 政治理念」『新羅 思想史 硏究』, 一潮閣, 1986. pp. 230-231.

볼 때 경덕왕이 재정확보에 관심을 가졌을 것은 당연하다. 이것은 일찍이 보물을 관리하는 관청인 穡宮典을 설치한 데서도 알 수 있다. 결국 이러한 경덕왕의 관심이 재정과 관련된 관부의 관원 증치로 나타났다고 보여진다. 이처럼 경덕왕의 관부 정비가 왕권 강화와 관계 있다는 것은 17년에 律令博士를 둔 것에서도 분명히 알 수 있다. 이와 함께 경덕왕 때 정비된 관원들이 주로 실무적이라는 점을 지적하고 싶다. 이를테면 경덕왕이 실제 행정과 관련있는 실무 관원을 증치하고 있는 것은 아닌가 한다. 이 문제는 경덕왕 18년에 단행된 官號 명칭 변경에서도 알 수 있다.

a. 兵部·倉部의 卿·監을 侍郎으로 大舍는 郎中으로 고쳤으며, 執事舍知는 執事員外郎으로 執事史는 執事郎으로 고쳤다. 調府·禮府·乘府·船府·領客府·左右議方府·司正府·位和府·例作典·大學監·大道署·永昌宮 등의 大舍를 主簿로, 賞賜署·典祀署·音聲署·工匠府·采典 등의 大舍를 主書로 고쳤다.(『三國史記』9, 景德王 18년)

b. 禮部 舍知를 司禮로, 調府 舍知를 司庫로, 領客府 舍知를 司儀로, 乘府 舍知를 司牧으로, 船府 舍知를 司舟로, 例作府 舍知를 司例로, 兵部 弩舍知를 司兵으로, 倉府 租舍知를 司倉으로 고쳤다.(上同)

이때 경덕왕은 모든 官號를 바꾸었는데, 순전한 고유식 명칭인 각 관부의 大舍나 舍知를 中國式 관호로 바꾸려 했다. 특히 하급 실무직인 舍知는 직능의 성격을 나타내주는 명칭으로 바뀌고 있다. 이와 같이 실무를 담당한 大舍나 舍知가 주된 개혁의 대상이 된 것은 국왕이 실무 관직에 관심을 가졌다는 증거이며, 이들은 왕과 보다 가까운 관료로 등장하고 있었다고 하겠다. 곧 관료제가 점차 발달하고 있는 것을 의미하는 것은 아닌가 한다.[33]

한편 경덕왕은 16년에 주·군·현의 명칭을 中國式으로 바꾸었는데, 이는 漢化政策의 표현으로 지방에 대한 통제를 정비하여 새로운 지배 질서를 확립하려는 데서 나온 것이었다고 본다.[34]

한편, 경덕왕은 경제 정책에도 변화를 꾀하고 있었다. 경덕왕대에는 中代 어느 시대보다도 국가 재정이 어려운 상황이었다고 생각된다. 우선 소수 외척 귀족들이 국가 권력을 장기간 독점하면서 그들에게 막대한 부가 집중되고 있었다는 점을 지적하고 싶다. 이때 이들의 경제력이 어느 정도인가 하는 것은 출궁된 경덕왕의 첫째 왕비인 삼모부인과 그의 인척인 효정이 앞장에서 살폈듯이 대규모의 황룡사종을 주조하는데 시주자로 등장하고 있는 데서 짐작할 수 있다. 鑄鐘에 시주하는 액수도 상당하지만 그것은 그들 경제력의 일부일 뿐이고 그들의 실제 경제력은 대단한 것이라고 믿어진다. 이와 관련하여 『삼국유사』에 보이는 35金入宅·四節遊宅으로 상징되는 귀족 사회의 화려한 모습 역시 이것이 경덕왕대의 모습이라고 단정할 수 없다고 하더라도 당시 이들 귀족들의 경제력을 보여주는 것이라고 여겨진다.[35] 또한 경덕왕대는 불국사 창건 등 대규모의 佛事가 행해지고 있다. 이는 관념적으로 왕권을 안정시키려는 의도에서 비롯된 것이지만 국가 재정에 많은 부담을 준 것은 분명하다고 본다.[36] 뿐만 아니라 관료제도가 정비되면서 관료들의 숫자도 크게 증가했다고 생각되는데 이 역시 국가 재정에 적지 않은 부담을 주었다고 보여진다.

이러한 국가 재정 부담은 자연 백성에 대한 수취의 강화로 이어져 백성

---

33) 李基東, 앞의 논문 「新羅 中代의 官僚制와 骨品制」, pp.118-128.
34) 金杜珍, 「統一新羅의 歷史와 思想」『傳統과 思想Ⅱ』, 精神文化硏究院, 1986, p.56.
35) 李基東, 「新羅 金入宅考」, 앞의 책.
36) 경덕왕이 敏藏寺에 토지와 재물 폐백을, 그리고 眞表에게는 租 77,000石을 하사하였다는 사실도 주목된다.

들의 생활은 곤궁해졌다고 생각된다. 설상가상으로 경덕왕대는 中代 어느 시대보다 많은 천재지변이 일어났다.[37] 이로써 일반 백성들의 생활은 더욱 어려워져[38] 국가의 재정 수입을 어렵게 하였다고 생각된다.

당시 관리들은 녹봉형식으로 경제적 처우가 이루어지고 있었다.[39] 그러나 이처럼 국가의 조세 수입이 넉넉치 않은 상태에서, 관료 제도의 확충으로 관료들의 숫자가 늘어나면서 재정의 부담은 증대되고 있었다. 뿐만 아니라 국가가 조세를 거두어들이는 데 소요되는 행정력 역시 더욱 부담이 되고 있었다.[40] 이를테면 국가에서 租의 산정이나 수납 뿐 아니라 운송과 보관·배분의 문제 그리고 천재지변으로 수취가 어렵더라도 월봉을 지급하는 문제 등이 제기되었을 법하다. 이에 어떤 형태로든지 근본적인 변화가 요구되었다.

신라는 통일 후 대대적인 양전 사업을 통해 국가의 경제 운영을 점차 계량화하였는데 마침내 양전된 토지 중에서 無主地·陳田 등을 丁田으로 지급 하면서 그것을 지급받은 농민들은 孔烟이 되어 課戶가 되고 있었다. 이 바탕 위에서 국가에서는 앞서 제기된 문제를 해결하기 위해 녹읍을 부활하였다고 본다.[41]

---

37) 경덕왕 4년, 6년에 큰 가뭄과 기근 전염병이 유행하여 국가에서 사신을 지방에 보내어 위무하기도 하였다. 또 계속하여 경덕왕 12, 13, 14년에는 큰 가뭄이 있어 백성들이 굶주림에 허덕였다.

38) 이때 일반 백성들의 모습은 向德의 예에서 살필 수 있지 않나 한다.(『삼국사기』9, 경덕왕 14년.) 물론 向德의 기록을 그대로 따를 수는 없지만 당시의 실정을 어느 정도 반영해 주고 있다고 생각한다.

39) 『삼국사기』8, 신문왕 9년 春正月의 '下敎 罷內外官 祿邑 逐年賜組有差 以爲恒式'에서 알 수 있다.

40) 金基興, 「新羅 村落文書의 분석」『삼국 및 통일신라 세제의 연구』, 역사비평사, 1991, p.144의 주121.

41) 金基興, 윗 논문, p.144.

내외 群官의 月俸을 혁파하고 녹읍을 부활하여 주었다. (『三國史記』
9. 景德王 16년 3월)

곧 관리들에게 녹봉 대신 일정한 토지를 지급하였던 것이다. 물론 녹봉
이 부활될 당시만 하더라도 그것의 규모는 대단한 것이 아니어서 부활된
녹읍이 前期 녹읍처럼 귀족들에게 유리한 것은 아니었다는 견해는 시사적
이다. 말하자면 녹읍의 부활을 단순히 귀족세력의 대두 측면으로만 이해할
수는 없다는 것이다.[42] 그것은 오히려 국가 체제 정비를 통해 부족한 국가
재정을 확보하면서 왕권을 강화하고 귀족 세력을 견제하려는 의도가 깃들
어 있다고 본다.[43] 실제 녹읍 부활이 경덕왕의 측근 세력인 김신충이 상대
등이 된 직후 시행되었다는 점도 이러한 추측을 뒷받침해 준다.

한편, 경덕왕은 관념적으로도 왕권을 확립하려는 의도를 가지고 있었다.

聖德王碑를 세웠다.(『三國史記』9, 景德王 13년)

경덕왕이 그의 아버지인 성덕왕을 추모하는 碑를 세웠다는 것이다. 현재
그 내용이 남아 있지 않아 자세한 것은 알 수 없으나 성덕대왕신종의 銘文
을 통해 碑를 세운 동기를 짐작할 수 있다. 곧, 父王에 대한 단순한 추모를
넘어 성덕왕대의 정치를 이상으로 하여 실현하고자 하는 마음이 깃들어 있
지 않나 한다.[44]

이와 관련하여 경덕왕이 성덕왕의 덕을 기리는 神鐘의 주조를 계획하였

---

42) 金基興, 윗 論文, p.144.
43) 全德在, 「新羅 祿邑制의 성격과 그 변동에 관한 연구」『歷史硏究』1, 1992. pp.46-47.
44) 李基白, 앞의 논문 「統一新羅와 渤海의 社會」, p.310 및 浜田耕策, 앞의 논문,
    pp.39-40.

다는 사실이 주목된다.[45] 이 종은 혜공왕 7년에 완성을 보았다. 그 종의 명문에 "聖德王의 덕은 山河 日月과 같고 치적이 훌륭해서 태평 시대를 누렸기 때문에 경덕왕이 大鐘을 주조하려 했으나 뜻을 이루지 못했다."는 구절이 있다. 이를 통해 경덕왕이 아직 주종에 착수하지는 않았지만 성덕왕의 치세를 매우 동경하였다는 것을 알 수 있겠다. 이것은 경덕왕이 정치적으로나 대외관계면에서 비교적 안정기를 맞이하였던 성덕왕대의 정치를 강조하면서 왕권의 권위를 드러내고 싶어했던 것은 아닐까 한다.[46]

또한 경덕왕 때는 불국사 창건 등 대대적인 佛事가 국가의 주도하에 행해지고 있었으며, 특히 아미타신앙이 광범위하게 퍼져 있었다고 한다. 이러한 것에는 불국토의 현실화를 통한 왕권 강화를 꾀하려 했다는 견해가 있는데 타당하다고 생각된다.[47]

이처럼 경덕왕이 왕권을 강화하려는 노력을 펼칠 수 있었던 데는 나름대로의 지지 기반이 있었기 때문에 가능하지 않았을까 한다. 즉, 외척 세력 중심 정국의 극복은 외척과는 성향이 다른 인물들의 지지 없이는 쉽지 않았을 것이다.

上大等 金思仁이 年年의 災異가 누차 나타난 것을 보고 상소하여 時政의 得失을 極論하니 왕이 그것을 기쁘게 받아들였다. (『三國史記』9, 景德王 15년)

---

45) 『삼국유사』에 " 新羅 第 三十五景德大王 賜黃銅一十二萬斤 爲先考聖德王 欲鑄巨鐘 一口 未就而崩"이라는 데서 神鐘 鑄鐘이 경덕왕대에는 아직 착수되지 않고 계획 단계에 있었음을 알 수 있다. 이호영도 神鐘은 혜공왕 4년경에 시작하여 7년에 완성되었다고 하였다. 앞의 논문 「聖德大王 神鐘銘의 解釋에 관한 몇 가지 문제」, pp.14-15.
46) 李昊榮, 앞의 논문 「新羅 中代 王室과 奉德寺」, p.11.
47) 金英美, 앞의 논문, p.165.

상대등 김사인이 왕에게 시정의 득실을 極論하였다는 것이다. 김사인의 이러한 입장에 대해 기존의 연구는 대체로 김사인이 앞서 언급한 관호변경과 같은 국왕의 전제주의 성향을 반대한 것으로 해석하고 있다.[48] 예컨대 漢化政策의 추진에 반발했다는 것이다. 여기에는 상대등의 관직을 귀족 세력의 대표로 인식하여 상대등 관직에 있었다는 것이 크게 고려되고 있는 듯하다. 그러나 김사인이 단순히 상대등의 관직에 있었다거나, 위에서처럼 왕에게 정치의 득실을 논한 것만을 가지고서 그가 專制主義的 개혁에 반대한 인물이라고 평가하는 것은 무리가 아닌가 한다. 김사인은 성덕·효성왕 대에 장군으로 활약한 바 있으며, 경덕왕 3년부터 16년까지 비교적 오랫동안 상대등직에 있었다. 김사인이 당시 외척 세력과는 어떤 관련성이 있다고 보이지 않는다. 그런데 金春秋의 아들인 文王의 후손이라는 견해가 있다. 그러할 경우, 그는 외척이 아님은 분명하고 오히려 왕족의 한 사람이라고 볼 수 있다.[49] 그렇다면 김사인은 외척 중심의 정국 운영에 불만을 품었다고 보아야 하지 않을까 한다. 곧, 경덕왕은 김사인을 통해 외척 중심의 정국 운영에 제동을 걸고자 하였다고 볼 수 있다. 실제 경덕왕이 추진하려 한 일련의 왕권 강화 노력들이 그의 재임 기간 동안이었다는 점도 이러한 추측을 가능하게 한다. 따라서 위와 같은 것은 경덕왕의 측근인 김사인이 일련의 왕권 강화 노력들이 뜻대로 추진되지 않자 그것을 더욱 독려하려는 의도에서 나온 것이라고 생각할 수 있다.[50]

---

48) 李基白,「景德王과 斷俗寺·怨歌」앞의 책, p.218 및 金壽泰, 앞의 논문, p.152,

49) 金貞淑,「金周元 世系의 성립과 그 변천」,『白山學報』28, 1983. pp.154-156. 신형식도 이 견해에 동조하고 있다. 앞의 논문, p.129. 한편 왕족과 외척의 구분 작업이 결코 쉬운 작업은 아니다. 외척은 王妃族과 관련된 문제가 아닌가 한다. 본 논문에서 검토하고 있는 김순원·김순정 가문의 경우 명백히 王室과 二重으로 혼인관계를 형성하고 있는 것으로 보아 외척으로 보인다.

50) 이영호는 김사인을 친왕파로 파악하였다.「新羅 惠恭王 12년 官號復故의 의미」,『大丘

김사인과 함께 경덕왕의 지지 세력으로 여겨지는 인물로는 김신충을 들 수 있다. 성덕왕대에 당에 숙위로 갔던 김신충은 효성왕이 왕이 되는 데 상당한 역할을 하였으나 효성왕이 왕이 된 후, 그를 견제하려 하자 김순원 세력과 연결되어 효성왕 세력을 제거하고 헌영을 태자로 앉히는데 앞장섰 던 인물이다.[51] 곧 김신충이 김순원과 함께 경덕왕의 태자 책봉과 왕위 계 승에 도움을 주었다는 사실은 그가 경덕왕과 연결될 수 있는 측면이 어느 정도 있지 않나 생각된다. 김신충이 경덕왕의 측근이었다고 하는 것은 다음 에서도 확인된다.

景德王 22년 癸卯에 信忠이 두 벗과 서로 약속하여 벼슬을 버리고 南岳(智異山)에 들어갔다. 다시 불러도 나오지 않은 채 삭발하고 중이 되어 왕을 위해 斷俗寺를 세우고 거기에 살면서 종신토록 丘壑에서 大 王의 복을 빌고자 원하므로 왕이 허락하였다.(『三國遺事』5, 避隱 信忠 卦冠)

이것은 김신충이 벼슬을 버리고 중이 되어 경덕왕을 위하여 복을 빌었다 는 것이다. 여기서 斷俗寺는 김신충이 세우지 않고 후술되는 李純이 세웠 다는 견해가 있다.[52] 그러나 여기서 중요한 것은 김신충이 경덕왕의 복을 종신토록 빌었다는 사실이다. 이로 미루어 김신충은 경덕왕의 총신임이 분 명하다고 생각된다. 이러한 김신충이 경덕왕 16년에 상대등의 모습으로 나 타나고 있다. 즉, 왕의 지지 세력인 思仁의 후임으로 임명되었던 것이다.

史學』39, 1990, p.12.

51) 졸고, 앞의 논문「新羅 孝成王代 政治勢力의 推移」, pp.348-350.

52) 이기백은 斷俗寺는 李純이 경덕왕 7년에 세웠다고 하였다. 앞의 논문「景德王과 斷俗 寺. 怨歌」, pp.220-221.

이처럼 경덕왕이 김신충을 끌어들인 이유는 그가 외척 세력이 아니라는 점이 고려된 때문이 아닐까 한다. 곧 경덕왕은 외척 세력과 무관한 김신충을 끌어들여 지속적인 개혁 정책을 추진하고자 하였던 것이라 볼 수 있다.[53] 김신충 역시 외척 중심의 정국에서 제대로 정치적 성장을 할 수 없었기에 왕권을 등에 업고 그의 정치적 역량을 키워보려 했다고 보겠다. 한편, 다음을 보자.

아찬 良相을 侍中으로 삼았다. (『三國史記』9, 景德王 23년)

김양상을 시중으로 삼았다는 것이다. 김양상은 혜공왕 10년에 上大等이 된 후[54] 혜공왕의 뒤를 이어 宣德王이 된 인물이다. 김양상은 父가 해찬 孝芳이었고, 母는 성덕왕의 딸인 四炤夫人이었다.[55] 따라서 김양상은 경덕왕의 조카인 셈이다. 이 관계를 도표로 만들면 다음과 같다.

〈표〉 김양상의 家系圖

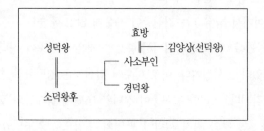

53) 金壽泰, 앞의 논문, p.152.
54) 『삼국사기』9, 혜공왕 10년 9월.
55) 『삼국사기』 9, 宣德王 즉위년.

이때 김양상의 정치적 입장이 무엇인지 분명하지 않다. 그러나 김양상의 성격은 김순원·김순정 등의 외척 세력과는 같지 않았다고 생각된다. 곧, 김양상은 당시 경덕왕의 입장에서 볼 때 가까운 왕족이었다고 생각된다. 이 점이 외척 세력을 멀리하고자 하는 경덕왕의 입장에서 크게 주목되었을 법하다. 김양상 역시 정국이 지나치게 외척 중심으로 전개되는 것에 불만이 있었을 것이다. 이러한 양상을 경덕왕은 시중으로 임명하였다. 시중은 집사부의 장으로 비중있는 자리인데, 이 자리에 왕과 관련있는 인물이 임명된 것은 결국 경덕왕이 외척 중심의 정국 운영을 타개하기 위해 독자적인 세력 기반을 만들었던 것이라 하겠다.[56]

한편 경덕왕이 지지 기반을 구축하여 정국을 주도하려고 할 때 당시 실세였던 외척들은 어떤 입장이었을까 궁금하다. 현재 이를 알려 주는 기록을 쉽게 찾을 수 없으나 다음의 추측은 가능하지 않을까 한다. 우선 경덕왕대에 들어 김순원 세력의 움직임이 전혀 보이지 않는다는 점이 주목된다. 이것은 기록상의 不備한 탓일 수도 있고 실제 김순원이 사망하였을 수도 있다. 만약 후자의 경우라면 김순원을 중심으로 형성되었던 외척 세력의 구심점에 어떤 형태로든지 영향이 미치었을 것이다. 그렇다면 경덕왕의 정국 운영에 외척의 개입 정도가 생각만큼 강하지는 않았으리라 본다. 다만 생각되는 것은 외척 세력들은 경덕왕이 그들에 의해 왕이 되었기 때문에 경덕왕의 정국 운영을 도와주었지 않았을까 짐작된다. 동시에 외척으로서 정치

---

56) 김양상의 성격 문제에 대해 의견이 일치되지 않고 있다. 먼저 이영호는 著者와 같이 김양상을 親王派로 인식하였다. 앞의 논문 「新羅 惠恭王代 정변의 새로운 해석」, pp.345-346. 그러나 이기백은 김양상이 혜공왕 10년 上大等이 된 후 12년에 官號를 復故시키고 있는 것으로 보아 反專制主義的인 인물이라고 하였다. 앞의 논문 「新羅 惠恭王代의 政治的 變革」, pp.238-247. 김수태도 이기백의 견해를 따르고 있다. 앞의 論文, pp.134-135. 김양상의 성격 문제에 대해서 다음 장에서 다시 언급할 것이다.

의 전면에 나서는 것은 아무래도 정치적 부담이 따르기 때문에 전면에 나서는 것을 피하려고 하였다고 짐작된다. 결국 경덕왕 즉위초에는 이러한 이유 등이 복합적으로 작용하여 경덕왕의 정국 운영이 어느 정도 가능하지 않았을까 싶다. 이러한 억측이 통한다면 경덕왕의 왕권 강화 노력도 이러한 상황을 적절히 이용한 것이었다고 생각된다.

그러나 경덕왕이 점차 독자적인 지지 기반을 구축하고 외척 세력을 견제하는 방향으로 정국을 운영하려 하자 외척 세력들은 이에 긴장하여 경덕왕의 정국 운영을 반대하였다고 생각된다. 이때 외척들이 경덕왕의 정책에 반대하였다는 것은 우선 앞서 인용한 김사인의 간언 내용을 상기할 필요가 있다. 즉 김사인이 시정에 대해 논란을 벌인 것은 그가 경덕왕과 더불어 추진한 왕권 강화 작업들이 여의치 않았기 때문이지 않나 한다. 이를테면 김사인이 중심이 되어 추진한 일련의 개혁이 반대 세력의 저항에 부딪히게 되자 김사인이 그것에 공개적인 비판을 가한 것은 아닌가 하는 것이다. 그것은 물론 개혁 작업을 추진하는 경덕왕에게 힘을 주기 위함이라고 여겨진다. 이는 김사인이 위와 같은 발언을 한 후 바로 물러났다는 데서 짐작할 수 있다. 말하자면, 김사인의 그러한 발언에 외척 세력들이 크게 반발하였으며 김사인은 그것에 책임을 지고 물러났다고 생각된다.[57]

그러나 경덕왕은 앞에서 살핀 바처럼 김사인의 후임으로 김신충을 끌어들여 지속적인 개혁을 추진하고자 하였다. 즉, 녹읍을 부활하여 경제 체제

---

57) 한편 이영호는 김사인의 상소 내용은 16년의 녹읍 부활과 관계가 있다고 하였다. 곧 녹읍 부활이 왕권에 대한 귀족 세력의 승리를 의미하는 것이라면 귀족들의 움직임에 대한 무마책이 필요하였을 것이고 이 때 김사인은 親王派로서 녹읍 부활에 반대한다는 상소를 하였다는 것이다. 앞의 논문 「新羅 惠恭王 12년 官號復故의 의미」, p.12. 그러나 앞서 살핀 것처럼 녹읍 부활이 단순한 귀족 세력의 대두가 아닌 국가 재정의 어려움을 극복하려는 차원에서 이루어진 것이라면 이러한 해석은 다시 생각해야 하지 않을까 한다.

를 확립하였고 지방 행정 제도의 개편과 관직명을 정비하는 조처들을 추진해갔다.[58] 특히 앞에서 보듯이 17년에는 관리들의 기강을 바로잡기 위한 강도 높은 조처들을 취해갔다.

그런데 이 과정에서 당시 대표적인 외척이었던 김옹이 경덕왕 19년에 시중의 지위에 나아갔음이 주목된다. 김옹이 시중의 직에 나아간 것은 단순히 생각할 수 없다. 이것은 경덕왕의 정국 주도에 외척들이 반발하였음을 보여주는 것은 아닌가 한다.[59] 곧 외척 세력이 정국의 전면에 등장하는 것이라 생각된다. 외척들은 더 이상 경덕왕이 정국을 장악하는 것을 바라볼 수 없었다고 생각된다. 이러한 추측은 다음에서 뒷받침된다.

> 景德王 19년 庚子 4월초 두 해가 나란히 나타나 열흘이 지나도 사라지지 않았다. 日官이 緣僧을 청하여 散花功德을 짓는다면 물리칠 수 있다고 아뢰었다.…… 이에 月明은 도솔가를 지어 바쳤다. (『三國遺事』5, 感統 月明師 도솔가)

즉, 경덕왕 19년 4월에 두 해가 나타나자 月明師가 도솔가를 지어 불렀다는 것이다. 여기서 두 해가 나타났다는 점이 주목된다. 이것은 단순한 자연 현상으로 생각할 수도 있으나 고대 사회에서는 자연 현상이 현실 사회의 반영이라 할 때[60] 그냥 보아 넘기기 곤란하다. 곧 태양이 왕을 상징한다

---

58) 전덕재는 경덕왕 16년의 州·郡·縣 領屬 관계의 조정 내지는 漢式名으로 개칭, 관직명의 정비, 그리고 17년의 律令博士 설치 등은 녹읍 부활과 상호 보완 관계에 있다고 하였다. 앞의 논문, pp.48-49.

59) 김옹의 시중 임명을 김수태는 귀족 세력의 대두라는 측면에서 이해 하고 있다. 앞의 논문, pp.153-154. 그러나 단순히 귀족 세력으로 파악하기보다는 筆者처럼 외척으로 파악하여 이해하는 것이 타당할 듯싶다. 신형식도 구체적인 설명이 없이 김옹의 시중 임명을 외척세력의 갈등으로 파악하였다. 앞의 논문, p.143.

고 할 때 두 태양이 나타났다는 것은 두 명의 왕을 상징하는 것으로 왕권에 도전하는 세력을 보여주는 것으로 생각된다.[61] 이러한 생각이 옳다면 위의 이야기는 바로 金邕 등 외척 세력이 정국의 전면에 나서는 것과 관련이 있다고 생각된다. 이 문제와 관련하여 경덕왕 19년 춘정월에

> 都城 寅方(동쪽)에서 북치는 소리같은 것이 있었다. 사람들이 鬼鼓라 하였다. 2월 宮中에 큰 연못이 생겨났고, 宮 남쪽의 蚊川 위의 月淨·春陽 2橋가 일어났다.

라는 기록도 시사적이다. 곧, 위의 기록은 당시 정치 사회에 대한 반영이라고 생각되는데, 이것이 의미하는 것이 무엇인지는 분명하지 않지만 당시 정치상황의 전개가 불안하다는 것을 보여준다. 이것은 경덕왕대 정치의 불안정성을 상징하는 것으로 경덕왕 정책에 대한 반대 세력의 움직임을 나타내주는 것은 아닌가 한다.[62] 이러한 갈등을 해결하기 위해 경덕왕은 두 세력을 동시에 퇴진시켰다. 곧,

> 上大等 信忠과 侍中 金邕이 물러났다. (『三國史記』9, 景德王 22년)

는 것이 그것이다. 이것은 경덕왕이 金邕을 견제하고자 김신충까지 동반 퇴진시킨 것으로 이해된다.[63] 앞서 김신충이 절에 들어갔다는 기사는 바로

---

60) 신형식은 天災地變의 여러 징후는 '일종의 하늘의 경고'였기에 거기에는 정치적 의미가 깃들어 있는 것으로 보인다고 하였다. 「天災地變 記事의 個別的 檢討」 『三國史記研究』, 一潮閣, 1981, pp.188-189.

61) 金英美, 앞의 논문, p.167.

62) 한편 김영미는 鬼鼓는 경덕왕의 정책을 비방하는 소리라고 하였다. 윗 논문, pp.166-167.

이러한 상황의 반영이라 생각된다. 어쨌든 경덕왕은 그가 추진한 일련의 개혁 조처들이 제대로 추진되지 못하고 갈등을 빚게 되자 정국 운영에 상당한 부담을 느꼈던 것으로 보인다.

(李純이) (景德)왕이 음악을 좋아한다는 말을 듣고 宮門에 나아가 간하기를 "신이 듣건대 옛날 걸, 주가 주색에 빠져 음탕한 음악을 그치지 않다가 이로 말미암아 정사가 쇠퇴하여 나라가 망했다 합니다. 엎어진 바퀴가 앞에 있으니 뒷 차는 마땅히 경계해야 할 것입니다. 엎드려 바라건대 大王은 잘못을 스스로 새롭게 하여 나라의 수명을 길게 하기 바랍니다."라고 하였다. 왕이 듣고 감탄하여 음악을 정지하고 곧 그를 정실로 불러 들여 도리의 오묘함과 치세의 방법에 관한 말을 수일동안 듣고 그치었다. (『三國史記』9, 景德王 22년)

李純이 경덕왕에게 호락을 중단하고 정치에 매진할 것을 건의했다는 것이다. 이순은 경덕왕의 총신이라 한다.[64] 여기서 문제는 왜 경덕왕이 政事를 소홀히 하였을까 하는 것이다. 다음을 보자.

대나마 李純이 왕의 총신이었는데 홀연히 하루아침에 세상을 피하여

---

63) 김옹과 신충의 同伴 퇴진은 지금까지는 거의 주목하지 않았다. 김옹과 김양상을 같은 성격 예컨대 김수태는 反王的인 존재로(앞의 논문, p.155.), 이영호는 親王的인 존재로 파악하여 김옹에서 김양상으로의 시중의 교체를 같은 세력내에서의 세력 교체로 살피고 있다.(앞의 논문 「新羅 惠恭王代의 정변의 새로운 해석」, p.356.) 그리고 信忠의 퇴진은 전제왕권의 기우는 모습을 나타내 주고 있다고 살피는 견해도 있다.(李基白, 앞의 논문 「景德王과 斷俗寺 怨歌」pp. 220-221.) 김수태도 이에 동조하고 있다. (앞의 논문, p.156.) 그런데 이기백은 김옹의 성격 내지는 퇴진의 의미에 대하여 살피지 않고 있다.

64) 이때 李純은 6두품 신분이라는 견해가 있다. 李基白, 「新羅 六頭品 硏究」, 앞의 책, p.46.

산으로 들어가서 여러 차례 불렀으나 나아가지 않고 머리를 깎고 중이
되어 왕을 위하여 斷俗寺를 세우고 이에 居하였다. (『三國史記』9, 景德
王 22년)

이것은 이순이 홀연히 세상을 피하여 은둔했다는 것이다. 곧 李純이 정
치적으로 물러났다는 것을 뜻한다고 보겠다. 이처럼 경덕왕의 총신이 정치
적으로 물러나 있다는 것은 한편으로 경덕왕의 측근 세력이 반대 세력에
의해 견제받았던 것은 아닐까 한다. 이러한 상황이 지속되면서 경덕왕은
스스로 정국 운영에 한계를 느꼈고 그것이 자포자기 상태로 이어지게 되었
다고 본다.[65]

이처럼 경덕왕이 왕권을 확립하려 하였으나 여의치 못했다는 것은 다음
의 사실에서도 알 수 있다.

君은 아비요, 臣은 사랑스런 어미시라, 民을 즐거운 아해로 여기시니
民이 은혜를 알지어다. 君답게, 臣답게, 民답게 할지면 나라는 태평하리
이다. (『三國遺事』2. 景德王 忠談寺 表訓大德)

이것은 忠談師가 경덕왕 24년에 경덕왕의 부탁으로 지은 安民歌의 내용
이다. 위의 내용을 통해 우리는 몇 가지 중요한 내용을 더듬어 볼 수 있다
고 생각한다. 위의 내용은 당시 시대상황이 앞서 누차 강조한 것처럼 정국
이 왕권과 외척 세력의 갈등으로 안정되어 있지 못할 뿐 아니라 일반 백성
들의 생활도 어려운 상태였음을 반영해 주고 있다고 본다. 아울러 충담사가
경덕왕의 정치에 대해 간접적인 비판을 가하고 있음을 알 수 있다. 곧, 군신

---

65) 李基白, 앞의 논문 「景德王과 斷俗寺 · 怨歌」, p.223 및 金壽泰, 앞의 論文, pp.155-
156.

간의 조화를 강조하고 있는 것은 경덕왕의 왕권 강화에 대해 부정적인 시각을 가지고 있음을 주는 것이라 생각된다.[66] 이렇듯 충담사가 경덕왕의 정치에 부정적인 시각을 가졌다는 것을 경덕왕이 충담사에게 王師를 맡기려 하였으나 거절했다는 것에서도 알 수 있지 않나 한다. 이러한 사실에서도 경덕왕의 왕권강화 노력이 여의치 못했다는 것을 확인할 수 있다.

결국 경덕왕은 외척중심의 정국을 타개하기 위해 노력하였으나 그 상황을 극복하지 못하고 좌절했으며, 이제 더욱 외척들의 정국 운영은 강화되어 갔다고 보겠다. 잠시 물러난 金邕이 혜공왕代에 '檢校使·兵部令 兼 殿中令·司馭府令·修城府令·監四天王寺府令·幷 檢校眞智大王寺使·上相 大角干'이라는 수많은 고위관직을 겸임하고 있는 것에서 알 수 있다. 그러나 한편으로 왕의 측근 세력인 김양상도 경덕왕 23년에 侍中으로서 정국의 전면에 남아 있음이 주목된다. 그것은 아직 김양상의 세력이 金邕 등의 외척 세력에 필적할 상황은 못되더라도 혜공왕대에 그를 중심한 정치 세력이 외척 중심의 정국을 타개한 점을 생각하면 시사적이라 하겠다.

이제까지 경덕왕대의 정국을 외척 세력을 중심으로 살펴보았다. 살펴본 바를 간단히 요약하여 맺음말에 대신하고자 한다.

경덕왕은 兄인 효성왕의 뒤를 이어 왕위에 올랐다. 그의 왕위 계승은 어디까지나 외조부인 김순원과 妻族인 김순정 가문의 적극적인 지지 때문에 가능하였다. 따라서 경덕왕은 그가 왕위에 오르는데 결정적 도움을 준 김순원·김순정 등 외척의 영향을 받을 수밖에 없었다. 이에 경덕왕 초기의 정국은 외척 중심의 운영으로 국가의 公的 질서가 이완되는 등 왕권이 위축된

---

66) 김영미는 忠談師가 安民歌를 지은 것은 경덕왕에게 君臣의 조화를 강조한 측면이 있다고 하였다. 앞의 논문, pp.168-169.

상황이었다.

경덕왕은 이러한 외척 중심의 정국 운영을 타개하기 위해 여러 가지 노력을 기울였다. 즉, 태후의 거처를 옮기어 외척 세력의 견제에서 벗어나려 하였으며, 사정기구의 정비를 통해 관리 감찰기능을 강화하였다. 그리고 녹읍을 부활시켜 국가 재정의 위기를 극복하려 하였다. 동시에 성덕대왕을 추모하여 관념적으로 왕권의 권위를 드러내 보이고자 노력하였다. 이러한 개혁작업은 김사인, 김신충, 김양상 등 외척 출신이 아닌 왕족 출신 또는 경덕왕과 가까운 인물들의 지지를 받아 추진되었다.

그러나 경덕왕의 이러한 개혁 작업은 김옹으로 대표되는 외척들의 반발로 뜻을 이루지 못한 채 실패하고, 경덕왕은 심한 좌절을 느끼게 되었다. 이것은 경덕왕대 외척 세력이 계속 정국을 장악하고 있었던 때문이었다.

그러나 한편으로 경덕왕의 개혁 정치로 김양상 등 일련의 정치 세력들이 정국의 전면에 등장하고 있었던 점은 주목된다.

제5장 惠恭王代 貴族勢力과 中代 王權

中代 마지막 왕인 혜공왕대는 반란이 자주 일어나고 심지어 국왕이 피살되는 등 정치적인 격변기여서, 이 시기에 대한 관심은 일찍부터 있어왔다.[1] 그 결과 혜공왕대를 중심으로 한 中代 정치사에 대한 이해가 깊어져 진골 귀족 세력의 대두로 전제 왕권이 무너졌다는 견해가 나오게 되었다. 전제 왕권이 무너졌다는 견해는 지극히 타당해 보인다. 그러나 이 견해는, 당시 최대의 정치 세력인 외척의 움직임과 새로운 정치 세력인 김양상에 대한 검토를 결여한 채 내려진 것으로 생각한다.

예컨대 혜공왕대를 본격적으로 다룬 이기백의 경우, 혜공왕대의 최대 정치 세력인 외척 金邕의 존재를 간과하였다.[2] 또한 이기백이『삼국유사』의 기록에 의지하여 혜공왕이 金良相에게 피살되었다는 전제 아래 내린, 김양상의 반전제주의 세력이 전제왕권을 무너뜨렸다는 의견은 재고할 필요가

---

1) 혜공왕대를 살피는 데 다음의 논문이 참고된다.
   李基白,「新羅惠恭王代의 政治的 變革」『新羅政治社會史研究』, 一潮閣, 1974.
   金壽泰,「新羅 中代 專制王權과 眞骨貴族」, 서강대 박사학위논문, 1990.
   李泳鎬,「新羅 惠恭王代 政變의 새로운 해석」『歷史教育論集』13·14합집, 1990.
   申瀅植,「新羅 中代 專制王權의 展開過程」『統一新羅史研究』, 三知院, 1990.
2) 李基白, 윗 논문.

있다고 본다. 한편 김수태는 이기백이 살피지 못한 김옹의 존재를 검토하였
지만[3] 김옹의 성격을 파악하는데 중요하다고 여겨지는 家系 문제를 소홀
히 함으로써 혜공왕대 정치 세력의 실체를 제대로 파악할 수 없었다.

이에 필자는 혜공왕대의 정국을 제대로 파악하기 위해서는 외척들을 중
심으로한 정치 세력의 움직임을 살피는 것이 중요하다고 생각한다. 이를
위해 먼저, 혜공왕대 최대 정치 세력인 외척의 동향을 滿月太后의 섭정과
관련하여 살펴보고자 한다. 이는 혜공왕 즉위를 전후한 시기의 정국전개와
왕권의 모습을 이해하는데 도움을 줄 것이라 생각한다. 다음으로, 외척 중
심의 정국에 대한 다른 귀족 세력들의 동향을 찾아보고자 한다. 이를 통해
정국의 주도권을 둘러싼 귀족 세력의 각축을 살피게 될 것이다. 마지막으
로, 金良相의 세력 형성 과정과 정치 세력간의 갈등을 알아보고자 한다.
이를 통하여 외척 세력 공백 이후의 새로운 정치 질서가 어떻게 전개되었
는가를 살필 수 있을 것이다. 이러한 작업은 결국 中代 질서의 해체 과정을
이해하게 해 줄 것이다.

1. 外戚의 득세

혜공왕은 경덕왕 16년에 태어나 8세에 왕이 되었다. 경덕왕이 혜공왕을
얼마나 힘들게 얻었는가는 다음의 기록에서 짐작할 수 있다.

---

3) 金壽泰, 앞의 논문.

어느날 왕은 표훈대덕에게 명했다. "내가 복이 없어서 아들을 두지 못
했으니 바라건대 대덕은 상제께 청하여 아들을 두게 해주오." 표훈은 명
령을 받아 대제에게 올라가 고하고 돌아와 왕께 아뢰었다. "상제께서 말
씀하시기를 딸을 구한다면 될 수 있지만 아들은 될 수 없다고 하셨습니
다." 왕은 다시 말하기를 "원컨대 딸을 바꾸어 아들로 만들어 주시오"
표훈이 다시 하늘로 올라가 천제에게 청하니 천제가 "될 수는 있지만
그러나 아들이면 나라가 위태로울 것이다."라고 하였다. … 표훈이 돌아
와 천제의 말대로 왕께 말하자 왕은 "나라는 비록 위태롭더라도 아들을
얻어서 대를 잇게 하면 만족하겠소."라고 하였다. 이리하여 만월왕후가
태자를 낳았다.(『三國遺事』2, 惠恭王)

이 기록은 설화적인 것이어서 그대로 믿기에는 어려움이 따르나 太子의
출생이 어렵게 이루어졌다는 것을 짐작하는 데는 부족함이 없다고 생각한
다. 또한 太子가 출생할 때 벼락이 쳤다는 기록이 있는데,[4] 이를 보면 혜공
왕의 출생을 전후한 상황이 심상치 않았다는 느낌을 준다.

그런데 혜공왕의 母后는 만월부인으로 경덕왕의 둘째 왕비다. 경덕왕의
첫째 왕비는 삼모부인으로 성덕·효성왕의 외척이었던 김순정의 딸이었
다.[5] 경덕왕은 김순정과 그의 외조부인 김순원의 도움으로 왕이 되었다.[6])

---

4) 『삼국사기』9, 혜공왕 17년 7월.
5) 김순정 가계도를 살펴보면 다음과 같다.(자세한 것은 本書 4장 참조)

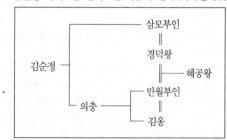

이때 외척들은 순정의 딸인 삼모부인이 아들이 없고 경덕왕과의 관계가 원만치 못하자 삼모부인의 조카인 만월부인을 새로운 왕비로 앉히었다. 결국 왕비 교체는 아들이 없기 때문에 이루어진 조치였지만 경덕왕의 의지가 아닌 외척들이 그들의 세력을 유지하려는 의도에서 나온 것이었다.[7] 이와 관련하여 만월부인이 왕비가 된지 14년만에 왕자를 낳았지만 그 동안 아들이 없었다는 이유로 폐출되지 않은 것은 그만큼 왕비 세력이 강하게 버티고 있었기 때문이라는 증거가 되겠다.

이때 경덕왕이 죽고 어린 혜공왕이 즉위하자 그의 모후인 만월부인이 섭정을 하였다.

王 즉위시 나이 8세이니 태후가 섭정하였다. (『三國史記』9, 惠恭王 즉위년)

이처럼 태후가 섭정을 한 것은 왕이 나이가 어렸기 때문이었다.[8] 그러나 단순히 왕의 나이가 어렸기 때문에 섭정이 이루어졌다는 이야기는 의문이다. 실제 효소왕도 불과 6세의 나이로 즉위하였지만 섭정의 기록이 찾아지지 않는다.[9] 따라서 태후의 섭정은 다른 측면에서 검토할 필요성이 있다고 생각한다. 이를테면 태후의 섭정을 가능케 한 어떤 정치 세력이 있지 않나

---

6) 本書 4장 참조

7) 本書 4장 참조

8) 가령 진흥왕의 경우 7세에 왕이 되었으나 "왕이 幼少하여 왕태후가 섭정하였다."고 되어 있다.(『삼국사기』9, 진흥왕 즉위년)

9) 효소왕의 경우 태후의 섭정 기록이 보이지 않는데 이를 단순한 기록상의 누락으로 보기도 한다.(金壽泰, 앞의 논문, p.45 및 金英美, 「聖德王代 專制王權에 대한 一考察」『梨大史苑』22・23합, 1988, p.377.) 하지만 진흥왕이나 혜공왕의 경우에는 태후의 섭정 사실이 있는 것으로 미루어 단순한 기록의 누락은 아닌 것 같다. 곧 태후의 섭정을 가능케 한 정치 세력이 형성되어 있지 않기 때문이었다고 보여진다.

한다. 태후의 섭정은 외척 세력의 증대를 가져오는 것이기 때문에 반대 세력들은 그것을 견제하였을 것이다. 따라서 태후가 섭정할 수 있었던 것은 경덕왕 후반부에 성장한 외척 세력 때문이었다고 생각된다.

이제 외척들은 태후를 전면에 내세워 정국을 운영하여 갔다고 생각된다. 이와 관련하여 다음을 보자.

두 해가 나타났다. (『三國史記』9, 惠恭王 2년 春正月)

혜공왕 2년 正月에 두 개의 태양이 나타났다는 것이다. 태양은 王을 상징한다고 한다. 그렇다면 당시 혜공왕과 필적하는 다른 정치 세력이 강하게 존재했다는 뜻이 되겠다.[10) 이미 혜공왕 19년에도 외척 세력이 강하게 대두하면서 두 개의 태양이 나타난 적이 있음을 살핀 바 있다. 그렇다면 혜공왕 2년의 두 태양은 바로 태후의 섭정과 관련이 있다고 볼 수 있다. 이처럼 권력을 장악한 외척들은 더욱 태후의 지위를 제고시키는 작업을 추진하였다.

(中國에서)王母 金氏를 大妃로 책봉했다. (『三國史記』9, 惠恭王 4년 春)

이 기사는 혜공왕의 책봉 기사에 뒤이어 나오는데, 王母 곧 만월 태후 김씨를 중국에서 책봉하였다는 것인데, 大妃 책봉 기록은 매우 드물다. 왜 이러한 일이 일어났을까. 이것은 다음과 같이 생각된다. 태후의 섭정은 당시 신라 사회에서는 상당히 이례적인 것이었다. 더욱이 그것이 외척들의 세력 증대와 연계되는 문제인 까닭에 다른 정치 세력들에게 쉽게 받아들여

---

10) 申瀅植,「天災地變 기사의 개별적 검토」『三國史記 研究』, 一潮閣, 1981, pp.188-189.

질 수 없었다고 생각된다. 자연 태후의 섭정이 지속되면 그것을 둘러싸고 갈등이 나타날 수 있었다고 본다. 이때 외척들은 태후의 정치적 지위를 높임으로써 이러한 상황을 극복하고자 하였다고 생각된다. 여기서 그들은 태후의 大妃 책봉을 받음으로써 태후의 정치적 지위를 강화하려 한 것이 아닌가 짐작된다.[11] 이러한 것은 효성왕대 朴氏 왕비를 당으로부터 책봉을 받아 정권을 안정시키려 했던 것과 시대 상황은 다르나 정치 세력들이 唐을 이용하려 한 것은 마찬가지였다고 본다.

어쨌든 태후의 섭정이 외척의 정치적 위상 제고에 영향을 미치었을 것은 분명하다. 혜공왕의 외척으로서 정국의 전면에 등장하였던 인물로 金邕이 주목된다. 김옹은 성덕·효성왕 때 실력자인 김순정의 손자이며 효성왕때 중시를 역임한 義忠의 아들로, 혜공왕의 母后 만월태후와는 남매간이었다.[12] 그는 이미 경덕왕 19년에 중시로서 정국의 전면에 등장하였으나 同王 22년에 경덕왕의 외척 견제책으로 물러난 인물이다. 혜공왕 때 김옹의 활동 모습은 기록에는 나타나 있지 않지만 성덕대왕 신종의 銘文에 나타나 있다. 즉, 혜공왕 7년에 완성을 본 신종의 명문을 보면 신종 주조의 주 책임자로 김옹이 나오고 있다. 여기서 당시 김옹의 관직이 '檢校使 兵部令 兼展中令·司馭府令·修城府令·監四天王寺令·并檢校眞智大王寺使·上相 大角干'으로 되어 있는 점이 주목된다. 그가 겸임한 관직들을 보면 거의 신라의 최고 관직이다. 上相의 경우, 자세한 것은 알 수 없으나 상대등보다 우

---

11) 김수태는 태후가 당으로부터 책봉을 받음으로써 태후의 정치적 활동과 그 세력을 당으로부터 인정을 받고자 한 것이라고 하였다. 앞의 논문, p.161.

12) 주5) 가계도 및 本書 4장 참조 여기서 김옹의 가계를 필자처럼 파악하지 않고 김순정의 아들로 파악하여 삼모부인과 남매간으로 인식하는 견해가 있으나(今西龍, 「聖德大王神鐘之銘」『新羅史の研究』, 1933, p.533 및 李昊榮, 「聖德大王 神鐘의 해석에 관한 몇 가지 문제」『考古美術』125, 1975, p.13. 그리고 金壽泰, 앞의 논문, p.141. 그러할 경우 혜공왕대 김옹의 성격을 제대로 살필 수 없다고 본다.

위에 있는 것으로 여겨지며,13) 병부의 장관인 병부령이나 궁내부의 장관인 전중령 등도 당시 중요한 관직들이다. 또한 乘府가 개칭된 사어부의 경우도 궁중의 乘轝와 儀衛를 관장한 관부이다. 이러한 중요한 관직들을 한 사람이 겸임한 경우는 김옹을 제외하고는 신라 中代에서는 보이지 않는다. 이것은 김옹이 상당한 정치적 힘을 가졌음을 알려주는 것으로, 그가 경덕왕 후반에 중시직에 나아갔다 물러난 것에 비하면 그의 정치적 힘이 크게 신장되었음을 말해준다. 이는 물론 태후의 섭정으로 인해 외척의 정국 주도가 본격화된 것과 관련이 있다고 본다. 그런데 김옹 외에 외척에 포함시킬 수 있는 인물을 찾기가 쉽지 않다. 따라서 외척 세력의 존재를 상정하고 그들의 정국 주도를 언급한 것은 성급한 느낌이 들기도 한다. 하지만 만월태후의 섭정과 김옹의 여러 관직 겸임의 사실은 외척 세력의 존재를 간과할 수 없게 한다. 적어도 외척을 포함한 소수 귀족에게로 권력이 집중되어 갔음을 말해주는 것으로 보인다.

이때 비록 외척의 범주에 속하지는 않으나 김옹과 같이 해공왕 즉위 초의 정국을 주도한 인물로 김은거를 살필 수 있다. 그는 혜공왕 3년에 견당사로 당에 다녀온 후, 4년 10월에 시중에 임명되었다가 6년 12월에 물러난 인물이다.14) 그의 정치적 성향을 드러내는 기록은 충분하지 않지만 그의 활동 시기가 외척들이 세력을 강화하던 때와 맞물리는 점으로 미루어 외척들과 관련이 있으리라 생각한다. 거기다 그가 견당사로 간 것은 시기적으로 볼 때 앞서 언급된 혜공왕 및 王大妃의 책봉 임무를 수행하기 위함이라고 보여진다. 특히 大妃 책봉은 정국을 주도하는 외척들에게는 중요한 문제였

---

13) 鈴木靖民「金順貞, 金邕論」『古代の朝鮮』, pp.192-195. 및 木村誠「新羅の宰相制度」
   『東京道立大人文學報』118, 1977.
14) 『삼국사기』9, 혜공왕 3년, 4년, 6년.

을 것이다. 이때 견당사가 된 김은거는 당연히 그들과 관계가 있을 것으로 본다. 여기에 그의 시중 임명 시점도 관심을 갖게 한다. 후술되는 대공의 난을 수습하는 과정에서 시중이 되었다고 보여지는데, 그렇다면 그의 시중 임명도 외척의 정국 운영과 관련이 있다고 본다.[15]

어쨌든 만월태후의 섭정과 김옹, 김은거 등 소수 귀족 중심의 정국 운영은 그동안 中代 왕권에서 소외된 귀족들의 불만을 더욱 심화시켰다고 본다.

2. 귀족 세력의 각축

혜공왕대에 들어 만월태후의 섭정 그리고 김옹 등 외척 세력의 득세는 혜공왕 이후 계속되는 외척 세력의 성장과 관계가 있다.[16] 이처럼 혜공왕대에 들어 강화되는 외척 중심의 정국 운영은 다른 정치 세력과 갈등을 불러 일으켰다고 생각된다.[17] 즉, 소수 외척 중심의 폐쇄적인 정국 운영이 심화되면서 소외된 세력들의 반발 또한 증폭되어 갔다. 다음을 보자.

---

15) 한편 이기백은 김은거는 친왕파적인 인물이라고 하였다. 앞의 논문, p.231. 김수태도 이에 동조하고 있다. 앞의 논문, p.160. 하지만 모두 혜공왕대 외척의 존재를 주목하지 않은 상태에서 내린 결론이다.

16) 本書 3장, 4장 참조

17) 신형식은 혜공왕대의 빈번한 지진은 태후, 왕비의 전횡에 대한 반발이라 하였는데 (앞의 논문, p.144.), 혜공왕대 7차례의 지진이 시기적으로 혜공왕 초인 2, 3, 4, 6년에 연이어 한번, 그리고 13년에 2번, 15년에 1번 있었다. 여기서 그의 견해를 수긍한다면 혜공왕 초의 지진은 외척 세력이 득세한 상황에서 다른 귀족들이 반발하는 모습을 상징해준다고 보며, 후반부의 것은 김양상을 중심으로 정국이 재편되는 것에 대한 반발을 나타내 준다고 생각한다.

a. 일길찬 대공과 아우 아찬 대렴이 모반하여 왕궁을 33일이나 포위하였는데 王軍이 토벌하고 9족을 베었다.(『三國史記』9, 惠恭王 4년 7월)

b. 각간 대공의 집 배나무에 참새가 수없이 모였다. 安國兵法 하권을 보면 천하에 큰 병란이 일어난다 하였으므로 이에 죄수를 대사면하고 王이 자숙 반성하였다. 7월 3일에 각간 대공의 적도가 일어나고 왕도 및 5도 주군의 도합 96각간이 서로 싸워 크게 어지러워졌다.(『三國遺事』2, 紀異 惠恭王)

일길찬 대공과 그의 아우 대렴이 왕궁을 33일이나 포위할 정도의 대규모 모반을 일으켰다는 것이다. 이는 왕도 및 5도 주군의 96각간이 참여한 대규모의 반란이었다. 이때 5도가 구체적으로 어디를 가리키는 것인지 분명하지 않으나 왕도만을 지칭하는 것은 아니라고 생각한다. 이를테면 이 반란은 중앙 귀족들과 함께 지방의 귀족들까지 참여하였다고 생각한다.

이들이 반란을 일으킨 까닭은 분명하지 않으나 혜공왕대에 태후의 섭정 등 외척의 정국 운영이 강화되면서 그동안 中代 정국에서 배제되면서 쌓인 귀족들의 불만이 마침내 폭발한 것이 아닌가 하는 것이다. 대공의 난과 96각간의 난이 태후가 당으로부터 大妃 책봉을 받은 직후에 일어난 것은 태후의 大妃 책봉과 귀족들의 모반 사건이 무관하지 않음을 말해준다. 이때 귀족 세력이 구체적으로 얼마나 소외되었는지 말해주는 기록은 쉽게 보이지 않는다. 그러나 시대는 약간 다르나 성덕왕대 왕실과 외척으로 연결된 세력들의 반발로 김유신 가문이 정치적으로 소외된 상태에 있었다는 점을 상기할 필요가 있다. 이러한 모습은 외척의 정국 간여가 본격화된 효성·경덕왕대에 지배 세력의 범위가 좁혀지면서 심화되었을 것이다. 따라서 권력에서 소외된 세력의 불만이 점증되고 있었다고 본다. 그들은 대공을 중심으

로 세력을 결집한 것 같다. 대공의 집에 참새가 모여들었다는 것이 그것을 상징해 준다.18)

한편, 지방 세력의 존재를 구체적으로 밝힐 수 없으나, 반란에 가담한 지방 세력은 소수 귀족 중심의 정국이 심화되면서 권력에서 배제되어 낙향한 세력을 말하는 것이 아닌가 한다. 그들은 이미 지방에 상당한 경제적 기반을 마련하고 있어 세력화하는 것이 용이하였을 것이다.19) 이를 확인하는 것은 쉽지 않지만 훗날 정권 쟁탈전에서 밀려나 강릉 지방에서 독자적인 세력을 형성하였던 김주원의 존재를 통해서20) 대략 헤아려 볼 수 있다. 결국 96각간은 중앙 귀족은 물론 지방 세력까지 포함하여 정권에서 소외된 세력이 아닐까 생각한다. 따라서 그들은 소수 외척 중심의 정국운영에 대한 불만을 가졌던 것이라 생각된다.21) 이에 당시 집권층은 그들을 회유하려 한 듯하다. 그것은 王이 대사면령을 내리고 자숙을 하였다는 위 기록에서

---

18) 고대사회에서 참새가 가지는 상징성을 생각해 볼 수 있다. 참새는 동양 문화권에서 훔치고 음란하며 광폭한 사나이를 상징한다고 한다. 『韓國文化象徵辭典』, 東亞出版社. 1992, p.563. 따라서 참새는 당시 역도를 가리키는 것이었다고 생각한다.

19) 통일기 귀족들의 세력기반은 『新唐書』, 新羅傳에 宰相家는 奴僮 3,000 그리고 甲兵, 牛馬 등을 이와 같이 가졌다고 한 데서 알 수 있다.

20) 李基東, 「新羅 下代의 王位繼承과 정치과정」 『新羅 骨品制 社會와 花郎徒』, 一潮閣, 1984, pp.155-156. 金周元에 대해서는 金貞淑, 「金周元 世系의 成立과 그 變遷」 『白山學報』28, 1983.

21) 이와 관련하여 혜공왕대 귀족 간의 상쟁은 한정된 관직으로서는 녹읍을 획득하는 것이 어렵다는 것이 큰 이유였다는 김기흥의 견해는 시사적이다. 「新羅 村落文書의 분석」 『삼국 및 통일신라 세제의 연구』, 역사비평사, 1991, p. 145. 결국 한정된 경제기반을 소수의 권력을 가진 인물들이 독점함으로써 그에서 소외된 세력들의 반발을 불러 일으켰다고 생각한다. 주보돈도 구체적인 설명은 하지 않았지만 왕족 중심의 지배 체제가 형성되면서 지배 집단의 규모가 축소되는 과정에서 일어난 사건이었다고 살폈다. 「南北國時代의 支配體制와 政治」 「한국사」3, 한길사, 1994, pp.326-327. 반면 이기백과 김수태는 혜공왕권에 저항하는 반전제주의 귀족세력들이 일으킨 난이라고 하였다.(李基白, 앞의 논문 「新羅 惠恭王代의 政治的 變革」, p.231 및 金壽泰, 앞의 논문, p.164.

알 수 있는데, 이는 점차 귀족 세력의 반발을 의식했다는 것으로 보여진다. 이들은 마침내 왕궁을 33일이나 포위할 정도로 대규모 반란을 꾀하였는데, 이는 집권 세력이 반대 세력을 제대로 제어하지 못하였다는 것을 알게 한다. 한편 이 반란은 성공하지 못했지만 끼친 영향도 적지 않다. 다음을 보자.

> 雉岳縣 쥐 80여 마리가 平壤으로 향했다. (『三國史記』9, 惠恭王 5년 11월)

이 기록은 상징적인 것이어서 어떻게 해석해야 할 지 잘 모르겠다. 그러나 이 기록이 대공의 난 직후에 나오고 있다는 점과 고대 사회에서 쥐가 갖는 상징성[22]을 고려하면 단순히 생각할 수 없게 한다. 가령, 소지왕 때에 쥐가 사람의 목소리로 소지왕의 신상에 중요한 예언을 한 데서 그 일단을 짐작할 수 있다.[23] 따라서 위 기록은 당시 정치 상황을 반영한 것으로 생각한다. 이를테면 쥐로 상징되는 어떤 세력, 즉 치악현의 정치 세력들이 평양으로 이동한 것을 상징한 것은 아닐까 한다. 이러한 추측이 허용된다면 당시 치악현(원주) 지역의 정치 세력도 대공의 난 때 적극 가담하였으나 그것이 실패하면서 이제 다른 지역으로 이동해 간 것이라 믿어진다. 특히 쥐가 이동한 평양 지역은 옛 고구려의 서울로서,[24] 그 지역으로 지방 세력이 이

---

22) 고대사회에서 쥐가 갖는 상징은 여러 가지가 잇지만, 일반적으로 재빠름을 표상한다고 본다. 앞의 책『韓國文化象徵辭典』, p.539. 이에 의하면 쥐는 어떤 사건 등을 미리 예측한다고 할 수 있다.

23) 『삼국유사』1, 紀異 射琴匣.

24) 평양 지역은 성덕왕 34년에 신라가 당으로부터 영유권을 인정받으면서 차츰 신라의 영역 확장과 더불어 개척되고 있었다고 보아진다. 그러나 혜공왕 때는 아직 본격적인 개척이 이루어지기 전의 일로 여겨진다. 그렇지만 위 기록은 당시 정치적, 경제적으로 곤궁한 세력들이 중앙 정부의 의지와는 상관없이 새로운 지역으로 진출하여 그들의 인적, 물적 토대를 튼튼히 하려고 한 것을 말해준다고 본다. 특히 평양은 토착세력의

탈해 간 것은 신라 중앙 정부로서도 큰 부담으로 받아들여졌을 것이다.

이러한 혼란스런 상황을 수습하기 위해 혜공왕은 상당한 노력을 기울인 것 같다.

> 春 3월에 임해전에서 群臣들에게 연회를 베풀었다. (『三國史記』9, 惠恭王 5년)

군신들에게 연회를 베풀었다는 것으로, 단순한 행사로 생각할 수 있다. 하지만 연회의 시점이 대공의 난 직후라는 점을 고려하면 그냥 넘기기에는 망설여진다. 이를테면 일련의 모반 사건으로 흐트러진 정국을 수습하기 위하여 행한 조치로 보여진다.[25] 이와 관련하여 다음을 보자.

> 5월에 백관들에게 아는 사람들을 천거하도록 명을 내렸다. (『三國史記』9, 惠恭王 5년)

이는 혜공왕이 관리들에게 아는 사람들을 천거하도록 했다는 것인데, 폐쇄된 골품제 사회에서 이 구절이 갖는 의미는 적지 않다고 본다. 더욱이 이 기록이 대공의 난 직후의 사실인 점으로 미루어 그 사건과 어떤 형태로든지 관련이 있다고 본다. 즉 대공의 난이 앞서 살폈듯이, 권력에서 소외된 세력의 불만에서 비롯된 것으로, 그들 세력을 좀더 적극적으로 포용할 필요

힘은 미약하였지만 옛 고구려의 서울이라는 상징성을 갖고 있었던 지역이라는 점도 고려되었을 법하다.

25) 이러한 추측은 효소왕이 군신들에게 임해전에서 연회를 베푼 사실에서도 생각해 볼 수 있다. 즉, 효소왕의 그것도 귀족 세력들을 회유하기 위함이었다 한다. 申瀅植, 앞의 논문 「天災地變 記事의 개별적 검토」, p.131의 주51 및 本書 2장 참조

성이 제기되었다고 본다. 실제 이 조치로 새로운 인물들을 얼마나 끌어들였
는지는 알 수 없으나, 소외 세력을 끌어안으려는 의도도 있었다고 본다.

> 春 正月 王이 서원경에 행차하였는데 지나는 주·현의 죄수들을 사면
> 하였다. 4월에 서원경에서 돌아왔다. (『三國史記』9, 惠恭王 6년)

혜공왕이 서원경을 순행하였다는 것이다. 여기서 주목되는 것은 그가 서
원경을 순행한 시점과 그 기간에 대해서이다. 먼저 순행의 시점이 바로 위
에 언급한 치악현 쥐들의 평양 이동 직후라는 점이다. 그리고 당시 상당히
어수선한 정치 상황에서 무려 4개월 동안이나 서울을 떠나 있었다는 사실
이다. 이는 혜공왕이 장기간 서원경에 머물러 있어야 할 정도의 커다란 정
치적 사건이 있었다는 것을 말해준다고 본다. 그것은 바로 대공의 난을 통
해 지방세력 이반 현상이 심각하게 표출되자 이를 수습하기 위해 서원경에
순행한 것은 아니었나 한다.

이와 함께 외척들은 성덕대왕 신종의 주조사업에 박차를 가하였다. 성덕
대왕 신종의 주종 사업은 일찍이 경덕왕이 성덕왕의 권위를 빌어 왕권을
안정시키려는 차원에서 추진한 바 있으나 실제 착수하지는 못했다.[26] 그런
데 이제 혜공왕이 이 사업을 재차 추진하였던 것이다.[27] 다음을 보자.

> 우러러 생각건대 태후의 은혜는 땅처럼 평평하여 백성들을 어질게 교

---

26) 『삼국유사』3, 塔像 皇龍寺鐘·芬皇寺藥師·奉德寺鐘條에 "신라 제35대 경덕대왕께서
   황동 12만근을 하사하시어 先考이신 성덕왕을 위하여 거종을 주조하려 하였으나 이루
   지 못하고 돌아가셨다."에서 알 수 있다.
27) 이호영은 성덕대왕신종은 혜공왕 4년경에 시작하여 7년에 완성되었다고 하였다. 앞의
   논문 「聖德大王 神鍾銘의 해석에 관한 몇 가지 문제」 『考古美術』125, 1975, p.13.

화시켰으니 마음은 하늘처럼 맑아져 父子의 효성을 장려하였다. 이는
아침에는 元舅의 현명함에, 저녁에는 충신의 도움 때문이었다.(『韓國金
石全文』, 聖德大王神鐘.)

이는 성덕대왕신종 명문의 일부이다. 이 명문을 보면 태후, 원구 등의 역
할이 매우 강조되고 있는데, 이를 통해 태후와 원구가 주종 사업에 깊이
간여하였음을 알 수 있다. 여기서 태후는 물론 만월태후를 가리킨다. 원구
는 누구일까. 원구는 왕의 외숙을 가리키는 말로써 만월태후와 남매간인
김옹을 가리킨다고 여겨진다.[28]
　그러면 이들이 왜 신종을 주종하려 하였을까 궁금하다. 다음을 보자.

　근래에 효성스런 후계자인 경덕왕께서 세상을 다스릴 때 큰 왕업을
이어지켜 뭇 정사를 잘 보살폈으나 일찍이 어머니를 여의어 세월이 흐를
수록 그리움이 일어났으며 거듭 아버지를 잃어 텅빈 대궐을 대할 때마다
슬픔이 더하였으니 조상을 생각하는 정은 점점 슬퍼지고 명복을 빌려는
마음은 더욱 간절하여졌다. 삼가 구리 12만근을 희사하여 1장이나 되는
종 1구를 주종하고자 하였으나 그 뜻이 이루어지기도 전에 문득 세상을
떠나셨다.(『韓國金石全文』, 聖德大王神鐘.)

이는 앞서 인용한 성덕대왕 신종 명문의 다른 부분이다. 이를 보면 이미
경덕왕대에 신종의 주조 계획이 있었음을 알 수 있겠다. 경덕왕이 주종하려
한 이유는 명문에 보는 바처럼 先王인 성덕왕의 덕을 빌기 위해서였다고
생각된다. 그러나 실제 경덕왕이 주종하려 한 이유는 달리 있었다고 보여진
다. 물론 그것을 말해주는 이렇다 할 기록은 위의 명문 외에는 없다. 그런데

---

28) 本書 4장 참조

위의 명문을 보면 비록 관념적인 표현이긴 하나 당시 정국을 운영하는 경덕왕의 모습에는 나약한 측면이 있다고 짐작한다. 이를테면 강한 자신감 같은 것이 부족한 느낌이 든다. 이것은 앞장에서 언급한 것처럼 경덕왕 후반부에 정국이 혼미 상태에 빠진 것과 관련이 있다고 생각한다. 이때 경덕왕은 父인 성덕왕의 권위를 빌어 이러한 상황을 극복하려 했을 것이다.[29] 즉, 정권을 안정시키기 위해서였다고 생각할 수 있다.

결국 혜공왕이 성덕대왕 신종을 주종하려 한 것은 성덕왕의 권위를 빌어 그의 정치적 지위를 높이려는 의도에서 비롯되었다고 본다. 그러나 이 주종 사업에 왕태후와 김옹이 적극 참여하고 있는데 이는 태후와 김옹 등이 주도한 정국 운영에 대해 반발하는 세력 때문에 정국 운영이 여의치 않자 태후측이 성덕왕의 권위를 이용하려 한 것 같다. 특히 신종 명문의 詞에 "위대하도다, 우리 태후시여! 왕성한 덕이 가볍지 않도다." 라고 하여 태후의 공덕을 거듭 강조하고 있는 것은 신종의 주조 의도가 태후와 관계가 있음을 말해 준다. 아울러 대공의 난이 있었던 혜공왕 4년에 종의 주조가 시작되었다는 것은 신종의 주조가 대공의 난으로 흐트러진 정국을 수습하려는 의도도 있다고 본다.

이처럼 혜공왕은 군신들을 위무하거나 성덕왕의 덕을 강조함으로써 정국을 순조로이 이끌어 나가고자 하였다. 그러나 소외 세력의 반발이 계속되었다.

8월 대아찬 김융이 모반하였다. (『三國史記』9, 惠恭王 6년)

대아찬 김융이 모반하였다는 것이다. 김융은 누구이며, 왜 그가 모반을

---

29) 李昊榮, 「新羅中代 王室과 奉德寺」, 『史學志』8, 1974, p.11.

하였을까 궁금하다. 김융의 실체를 밝혀주는 직접적인 기록은 없지만 다음을 참고하기로 하자.

> 지난 경술년에 臣의 자손이 죄없이 죽음을 당했다(『三國遺事』1, 紀異
> 味鄒王 竹葉軍)

이는 김유신의 혼이 미추왕릉에 가서 호소한 내용의 일부로써, 설화적인 것이어서 사실 그대로 생각하기는 어렵지만 당시 역사적 상황에 대한 반영으로 생각할 수 있다. 뒤에 다시 언급되겠지만 이 사건은 혜공왕 6년에 일어난 것으로 생각된다. 그것은 경술년 즉 혜공왕 6년에 金庾信 후손이 죽음을 당했다는 기록과 김융의 모반이 어떤 관련이 있다고 보기 때문이다. 따라서 김융은 김유신의 후손으로 생각된다.[30] 그렇다면 김유신의 후손인 김융이 왜 모반을 꾀하였을까. 앞서 언급하였듯이 성덕왕대에도 이미 김유신 가문은 외척들의 견제를 꽤 받고 있었다. 이러한 경향은 효성·성덕왕대에 외척 세력이 비대해지면서 더욱 심해졌을 것이라 본다. 특히 혜공왕대에 들어서는 이러한 움직임이 심화되었으리라는 것을 쉽게 상상할 수 있다. 바로 이러한 상황을 타개하기 위해 김융이 모반을 꾀한 것이라 생각된다.[31]

김융의 반발은 실패하였지만 계속되는 반발 세력의 움직임은 정국을 장악한 외척 세력들로 하여금 다른 정치 세력과 적극적인 연합을 꾀하지 않을 수 없게 하였을 것 같다. 말하자면 귀족 세력과 타협을 시도하였다고 본다.

---

30) 李基白, 앞의 논문 「新羅 惠恭王代의 政治的 變革」, pp.248-249.
31) 그러나 이기백은 김융의 모반은 반혜공적인 모반사건이라고 하였다. 앞의 논문, pp.232-233. 김수태도 이를 따르고 있다. 앞의 논문, pp.164-165.

이러한 추측은 혜공왕 7년에 완성을 본 신종의 주조 책임자로 김옹과 김양상이 같이 등장한 데서 알 수 있다. 즉, 김옹은 '檢校使·兵部令 兼 展中令·司馭府令·修城府令·監四天王寺令·幷檢校眞智大王寺使·上相 大角干' 직을 가지면서 제1책임자로 나와 있으며, 김양상은 '檢校使·肅政臺令兼 修城府令·檢校感恩寺使'의 직을 가지며 제2책임자로 나와 있다.

김양상은 경덕왕의 조카로서 경덕왕의 지지 기반이 되었던 인물이었다. 김옹으로 대표되는 외척 세력이 정국의 전면에 등장하고 있었던 경덕왕 23년에 시중이 되었는데, 경덕왕 후반부에 외척 세력이 신장되는 상황에서 왕권을 지탱한 인물이었다고 본다. 그는 후술되지만 독자적인 세력을 갖고 있어 김옹의 입장에서는 그의 힘을 필요했다고 본다. 이제 두 세력이 일정한 타협을 하였다고 여겨진다. 김양상 역시 당시 최대의 정치 세력인 외척 세력과 정면 충돌하기보다는 그들과 타협을 하면서 그의 힘을 키워나갔다고 생각된다.

3. 金良相의 등장과 中代 질서의 瓦解

이미 살펴보았듯이 소수 외척 중심의 정국이 오랫동안 지속되면서 중앙 귀족은 물론 지방 세력의 반발을 끊임없이 받게 되었다. 김옹 등은 비록 막강한 권력을 장악하였지만 김양상과 같은 정치 세력과 타협을 통해 정국을 유지하지 않으면 안되었다. 이것은 이제 그들의 정치력이 한계에 부딪쳤음을 알게 해준다. 이러한 때에 김양상이 혜공왕 10년에 상대등으로 나아갔음은 크게 주목된다.[32] 이것은 김양상이 정국의 전면에 본격적으로 등장하였음을 암시한다. 여기에는 혜공왕의 일정한 역할이 있었다고 본다. 즉 혜공왕은 외척중심의 정국을 타개하고자 했을 법하다. 이를테면 어느 정도 장성한 상태에서 그는 독자적인 정국 운영을 시도하면서 외척과 정치적 성격을 달리하면서도 왕권과 연계될 수 있는 김양상을 주목했다고 본다. 김양상은 상대등이 되기 이전에 이미 독자적 세력을 갖고 있었다. 즉 그는 이미 경덕왕 때에 王의 측근 세력으로 경덕왕의 개혁 정책을 지탱하고 있었다. 그는 점차 나름대로 세력을 형성해갔다. 다음을 보자.

> 처음 혜공왕말에 叛臣들이 跋扈하였는데 宣德(양상)이 이때 상대등으로 君側의 惡을 제거하자고 앞서 외치자 김경식이 이를 살펴 반란을 진압하는데 공이 있어 宣德이 즉위함에 상대등이 되었다. (『三國史記』10, 元聖王 즉위년)

이는 혜공왕말의 반란을 언급한 것인데 김경신이 김양상을 도와 반란을 진압하고, 이어 김양상이 왕위에 오른 후에 상대등이 되었다는 것이다. 이를 통해 두 사람의 관계를 어느 정도 짐작할 수 있다고 본다. 그러면 김양상과 김경신이 서로 가까워질 수 있는 이유는 어디에 있었을까 궁금하다.

> a. 상대등 경신이 전왕(宣德王;김양상)의 아우로서 덕망이 높았다. (『三國史記』10, 元聖王 즉위년)

---

32) 김양상의 상대등 임명을 주목한 연구는 많다. 대표적으로 이기백은 반왕파인 김양상이 등장하면서 中代的인 요소가 무너지고 下代的인 요소가 성립되었다고 하였다. 윗 논문, p.236. 그러나 김양상이 반왕파라는 증거는 없다. 오히려 경덕왕의 조카로서 경덕왕대에 외척 세력에 대항하여 왕권을 안정시키려고 하였다. 더욱 그는 지정의 난에서 보듯이 혜공왕권에 도전하는 세력을 응징하고 있어 왕권을 부인한 인물로 생각되지 않는다.

b. 양상이 죽자 上相 경신을 세워 王으로 삼았다. 그리고 양상의 관작
을 세습케 하였는데 경신은 종형제이다. (『舊唐書』, 신라전)

위의 a기록에 의하면 경신은 김양상의 아우로 되어 있으나 b기록에는 종
형제로 되어 있어 약간 차이가 있다. 어느 기록이 맞는지 분명히 알 수 없
으나 양상과 경신이 가까운 혈족임은 분명하다고 생각한다.[33] 이것이 양자
가 결합할 수 있었던 요인이 아닌가 한다. 그러나 이러한 측면 외에도 양자
가 더욱 밀착되었던 이유를 더 찾을 수 있다. 즉, 김경신 가문은 정치적으로
크게 성장한 것 같지 않다. 그의 아버지인 효양이 일길찬의 관등에 머물렀
던 것에서 짐작된다. 이렇게 된 것은 아무래도 대 고구려전쟁에서 그의 曾
祖父인 의관이 전쟁에서의 패배를 이유로 면직되면서부터였다고 생각된
다.[34] 따라서 김경신 가문은 中代 정국에서 크게 두각을 나타내지는 못하
였다고 생각된다. 더욱 그의 母는 朴氏였다. 朴氏 집단은 中代에는 권력의
핵심에서 소외되어 있었다.[35] 결국 김경신은 父, 母 모두 당시 정국에서
소외되어 있었다고 보인다. 따라서 김경신은 다른 정치 세력과의 결합을
통해 정치적 진출을 시도한 것 같다. 이 점이 김양상과 김경신의 결합 요인
이 아닌가 싶다.[36]

---

33) 그런데 『삼국사기』의 선덕왕(김양상)은 내물왕 10세손이고, 원성왕(김경신)은 내물왕
12세손이라는 기록이 옳다면 양자를 형제 간이라고 한 기록은 믿기 어려워진다. 혹,
이병도의 추측대로 양자는 종형제간인지도 모른다. (『國譯三國史記』, 乙酉文化社,
1977, p.163. 한편 이기백은 특별한 설명 없이 모계에 의한 것이었는지도 모르겠다라
고 하였으나 (「上大等考」, 앞의 책, p.114의 주38.) 김양상의 母는 성덕왕의 딸로 金氏
였고 김경신의 母는 朴氏로 母系가 다르다.

34) 『삼국사기』6, 문무왕 10년.

35) 박씨 문제에 대해서는 本書 3장 참조

36) 물론 이처럼 근친간이라는 이유와 소외세력이라는 점 때문에 두 사람의 관계를 한 세
력이라고 단정하기 어렵다. 하지만 또 이를 부인할 특별한 근거가 없는 상태에서는

김경신 외에 김양상 세력으로 추정되는 인물로 김주원을 들 수 있다. 김
주원은 무열왕의 제 3자인 文王의 후손으로, 父는 경덕왕 때 시중을 지낸
유정이며 祖는 역시 경덕왕 때 상대등으로 경덕왕의 지지 세력이었던 김사
인이었다.[37] 그런데 그는 김양상이 상대등이 된 지 얼마 지나지 않아 혜공
왕 때 시중으로 정계에 모습을 나타냈다.[38] 즉 그의 등장 시점이 김양상이
정국의 주도권을 잡는 것과 일치하고 있는 점으로 보아 양자가 어떤 관련
이 있지 않나 한다.[39] 김양상과 김주원은 어떻게 연결되었을까. 우선 김주
원이 김양상의 族子라는 기록이 있다.[40] 김주원은 무열왕의 후손이고, 김
양상은 내물왕의 후손인데 족자라는 표현은 조금 이상하게 느껴진다. 그러
나 김양상의 母가 성덕왕의 딸임을 생각하면 김양상과 김주원 가문이 전연
무관하다고 할 수 없다. 다만 김주원에게 족자라는 표현이 적용되었다는
것이 중요하다고 생각되는데, 이는 그만큼 두 사람이 혈연적으로도 무관한
처지는 아니었다고 여겨진다. 이러한 면 외에도 두 사람이 밀착될 수 있는
실제 요인으로 김주원의 祖父인 김사인이 상대등으로서 경덕왕의 개혁 정

두 사람이 결합한 요인을 이와 같이 파악해도 크게 무리는 아니라고 생각한다.

37) 金貞淑, 앞의 논문 「金周元 世系의 成立과 그 變遷」, pp.154-156. 참고로 그의 가계를
    도표화 하면 다음과 같다.

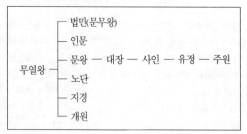

38) 『삼국사기』9, 혜공왕 13년.
39) 김주원이 시중에 임명되기 직전 후술되는 김양상이 시정을 극론하는 상소를 올렸다.
40) 『삼국사기』10, 원성왕 즉위년.

책을 뒷받침했지만 반발 세력의 반발로 좌절한 인물이라는 점이다. 따라서 외척 세력의 힘이 더욱 증대될수록 그의 가문의 위치는 약화되었을 것이고, 김주원은 이를 불만스럽 게 여겼다고 하겠다. 이때 김주원은 비교적 정치적인 힘을 갖고 있던 김양상과의 결합을 통해 그의 정치적 지위를 확보하려 했을 법하다.[41]

이처럼 김양상이 소외된 집단을 끌어들이고 있다는 것은 김유신 세력과의 연계를 통해서도 알 수 있다. 물론 김양상을 김유신 세력과 바로 연결지어 생각할 수 있는 기록은 쉽게 찾아지지 않는다. 다음을 보자.

> 혜공왕은 이 소식을 듣고 두려워하여 이내 대신 김경신을 김유신공의 陵에 보내어 잘못을 사과하고 金公을 위해서 공덕보전 30결을 취선사에 내려서 公의 명복을 빌게 했다. (『三國遺事』1, 紀異 味鄒王 竹葉軍)

이는 앞서 인용한 바 있는 사료에 뒤이어 나오는 이야기인데, 혜공왕 15년에 왕의 꿈에 김유신이 나타나 지난 경술년에(혜공왕 6년) 그의 후손이 죄 없이 죽임을 당했다고 반발하자 혜공왕이 김경신을 보내어 달랬다는 내용이다. 즉 김융의 모반 사건 후 9년이 지나서야 그것에 대한 신원이 이루어지고 있는 것이다. 이 신원 사건은 간단히 생각할 문제는 아닌 것 같다. 이를테면 이때에 이르러 정국에 어떤 변화가 나타났다는 것을 암시해준다고 생각된다. 곧 그동안 소외되었던 金庾信 세력이 정치적으로 성장하였음을 의미한다고 본다. 그런데 이 신원에 김경신이 관련되어 있는 것이 흥미롭다. 이를테면 김경신과 金庾信 가문 사이에 어떤 관계가 있었음을 알려

---

41) 이제까지 김주원과 김양상이 왜 결합하였는가에 대한 구체적인 설명이 미흡하였다. 다만 김수태는 무열계 내에서 소외된 세력으로 생각되는 김주원과도 결합되었을 것으로 보인다고 하였다. 앞의 논문, p.166.

준다고 본다.42) 그렇다면 두 세력이 연결될 수 있었던 요인은 무엇일까. 그 것은 아무래도 혜공왕대 정치 상황에서 서로 처지가 비슷한 것은 아닌가 하는 것이다. 예컨대 김경신 가문과 金庾信 가문이 정치적으로 모두 소외 되어 있었던 것으로 생각되는데, 이 점이 양측이 서로 연결되는 요인이었을 것으로 보인다. 아울러 신원의 시점이 김양상 등이 정국의 주도권을 잡은 것과도 관련이 있다고 보여지는데, 이 점은 바로 김양상이 정국을 주도하는 과정에서 金庾信세력을 포용하였음을 알게 한다. 이러한 추론은 金庾信의 후손인 김암이 혜공왕 15년에 日本에 파견되고 있는 것에서도 확인된다.43) 김암의 日本 파견은 당시 정권을 잡았던 김양상의 의도 아래 이루어졌다고 본다. 곧, 김양상은 대당외교 못지않게 대일외교를 안정시키는 것도 중요하 게 생각하였다고 여겨진다. 따라서, 김암의 견일사 파견은 김암과 김양상이 결합되어 있다는 것을 알려준다.44)

이처럼 김양상은 당시 정치적으로 소외되어 있었던 집단과 연계를 통해 그의 세력을 강화해 나갔다. 이 과정에서 차츰 김양상에게로 권력이 집중되 었다고 본다. 물론 아직 김옹 등 외척 세력이 여전히 남아 있다고 본다. 그것은 혜공왕 10년에 김옹이 상재의 지위에 있었다는 점에서 확인된다.

그러나 실제 정국의 주도권은 김양상에게로 옮겨지고 있었다고 본다. 다 음을 보자.

---

42) 이기백은 김유신 가문의 신원운동에 김유신의 후손인 김암이 관련되어 있고 김경신이 가담하였다고 하였다. 앞의 논문 「惠恭王代의 政治的 變革」, pp.249-250.

43) 김암에 대해서는 『삼국사기』43, 김유신전下

44) 이기백은 김암이 遣日使로 파견된 것은 김양상의 정권 확립과 밀접한 관련이 있다고 하였다. 앞의 논문 p.249의 주31. 다만 이때 그가 당시 김양상 등이 唐 대신 日本과 연결하려고 하였다고 한 것은 동의하기 어렵다. 그런데 신형식은 구체적인 설명없이 김암을 日本으로 추방한 것이라고 하였으나 지나친 추측이다. 앞의 논문 「新羅中代 專制王權의 展開過程」, p.146.

a. 하 6월에 이찬 김은거가 반란을 일으켜 복주하였다. (『三國史記』9,
惠恭王 11년)

b. 8월에 이찬 廉相과 시중 正門이 모반하여 복주하였다. (상동)

이는 혜공왕 11년 6월과 8월에 일어난 반란 기사이다. 먼저 김은거는 외
척과 연계되어 혜공왕 3년에 견당사로 당에 다녀온 후, 곧 이어 4년 10월
시중직에 나아갔다가 6년 12월에 물러난 인물이다. 그가 물러난 것은 김융
의 모반과 집사성에 호랑이가 침범하는[45] 등 일련의 사건에 책임을 지고
물러났었다. 그의 활동은 어디까지나 외척 세력과의 연계 속에서 이루어졌
다고 하겠다. 그러나 김양상에게 주도권이 넘어가자 반발한 것은 아닌가
한다.[46]

이러한 입장은 정문을 통해서도 알 수 있다. 정문은 김은거의 뒤를 이어
시중직에 오른 인물이다. 그때는 아직 외척들의 영향력이 상당하던 시점이
어서 정문이 외척들과 연계되어 있다고 볼 수 있다. 그런데 그는 김양상이
상대등이 된 후 혜공왕 11년 3월에 특별한 이유 없이 시중직에서 교체되고
있다. 이를 우리가 살펴온 바와 연계 짓는다면 정국의 주도권을 김양상이
장악하면서 자기와 가까운 인물들을 등용하고자 했을 것이고, 이때 정문의
배제는 당연한 셈이 된다. 이에 불만을 품은 정문이 은거의 반란에 때 맞추
어 난을 일으킨 것이라 생각된다.[47]

한편, 正門과 함께 난을 일으킨 염상을 살펴보자. 염상은 경덕왕 17년에
시중이 되었다가 동왕 19년에 김옹이 시중이 되면서 물러난 사람이다.[48]

---

45) 『삼국사기』9, 혜공왕 6년 6월 29일.

46) 이기백은 김은거의 모반은 김양상의 상대등 임명과 관련이 있다고 보았다. 앞의 논문,
p.223.

47) 이기백은 정문의 모반도 김은거의 그것과 동일한 성격으로 보았다. 앞의 논문, p.236.

염상이 시중이 되었을때는 경덕왕이 해이된 관리들의 기강을 세우려 하거나 관제를 정비하려고 노력하던 시기였으므로[49] 아무래도 염상은 경덕왕과 관련이 있는 인물로 생각된다. 따라서 경덕왕의 측근이던 김양상과 비슷한 성격을 가졌으리라 생각된다. 더욱 그가 시중에서 물러난 것은 외척 김옹의 등장 때문이었으므로 그 이후 전개되는 외척 중심 정국에 불만을 가졌으리라 생각한다. 따라서 그의 반란은 김은거나 정문과는 경우가 다르다고 생각된다. 말하자면 김은거나 정문은 김옹 등 외척 세력과 연결된 상태였기에 그들은 김양상이 정국을 주도하는 것에 반발하였던 것이다. 그러나 그들과는 달리 경덕왕대에 김양상과 같은 정치 노선을 걸었다고 믿어지는 염상이 김양상이 정국을 주도할 때 난을 일으켰다는 것은 잘 이해되지 않는다. 여기서 분명한 것은 염상의 난도 김양상이 정국의 주도권을 잡는 것과 관련이 있으리라는 점이다.[50]

결국 이러한 일련의 모반 사건은 왕권에 대한 도전이라기보다는 외척 중심의 권력체제가 붕괴되면서 정국 주도권을 둘러싼 귀족들 간의 힘의 각축을 말해 준다. 이 각축에서 김양상이 선두에 나섰다고 본다. 이제 그는 이러한 반란을 진압하면서 정국을 주도하게 되었다. 그가 권력을 장악하면서 나타난 변화를 찾아보자. 먼저 경덕왕 18년에 漢式으로 개칭하였던 관호의 명칭을 옛 이름으로 환원하였다.[51] 이를 김양상이 추진한 것으로 보아 중대 전제 왕권에 대한 부인으로 해석하기도 한다.[52] 물론 이 과정에서 김양상의 역할이 중요하게 작용했을 것이며, 이는 김양상의 성격을 당시 왕권을

---

48) 『삼국사기』 9, 경덕왕 17년 정월.

49) 本書 4장 참조

50) 李基白, 앞의 논문, p.136.

51) 『삼국사기』9 , 혜공왕 12년.

52) 李基白, 위의 논문, pp.246-247.

부인한 인물로 생각하지 않는 한 수긍하기 어렵다. 이때 혜공왕때의 官號復故는 中代 왕권에 대한 否認이 아니라는 견해가 있다. 곧 경덕왕때 국가 체제를 정비하기 위해 행정 각 부의 명칭 및 지방 군현의 명칭을 漢式으로 개칭하였으나 그것이 실제 운영 과정에서 뿌리를 내리지 못하고 상당히 혼란에 빠져 있었다고 한다.[53] 따라서 실권을 장악한 김양상측에서는 官號개칭으로 빚어지는 혼란을 하루바삐 해결하고자 하였을 법하다. 그것은 『세종실록 지리지』에 따르면 혜공왕대의 관호 복구와 더불어 경덕왕때 개칭된 지명도 일부 복고되고 있는 데서 알 수 있다.[54]

한편 경덕왕 13년에는 한 해에 두 차례나 중국에 사신을 보내고 있는데, 이는 권력 이동 과정에서 나타난 혼란을 중국과의 긴밀한 관계를 통해 해결하려 했다고 믿어진다.[55] 이러한 과정을 거치면서 김양상은 더욱 정국운영에 대한 자신감을 갖게 되었다. 다음을 보자.

> 上大等 良相이 상소하여 時政을 極論하였다. (『三國史記』9, 惠恭王
> 13년)

양상이 시정을 極論하였다는 것이다. 이 때 권력을 장악하여 가던 그가 왜 상소를 하였을까 궁금하다. 이를 양상이 전제왕권을 비판한 것으로 이해하기도 하지만[56] 당시 정국 운영의 책임을 지고 있었던 김양상이 왕권을

---

53) 李泳鎬, 「新羅 惠恭王 12년 官號復故의 의미」『大邱史學』39, 1990, p.19의 주56.
54) 『世宗實錄地理志』慶尙道 尙州牧條를 보면 景德王때 尙州로 고치었다가 혜공왕 때 다시 沙伐州로 고치었다고 되어 있다.
55) 李基白, 앞의 논문, p.235 및 金壽泰, 앞의 논문, p.166.
56) 이를 中代的 왕권복구 운동에 대한 경고로 해석하기도 한다. 李基白, 앞의 논문, pp.236-237. 반면 이영호는 김양상의 상소는 충성스런 신하의 간언으로 파악하였다. 「惠恭王代 政變의 새로운 해석」, pp.349-350.

비판하였다고 생각되지 않는다. 오히려 권력을 장악하면서 나타나는 반대세력의 움직임을 적극 차단한 것으로 보여진다. 특히 이 과정에서 金周元이 侍中에 임명된 것도 김양상의 정국 장악과 관련이 있다고 보겠다.

한편 자세하지는 않으나 이 무렵에 왕비 교체가 이루어지고 있지 않나한다. 다음을 보자.

> a. 元妃 神寶王后는 이찬 維誠의 딸이다.(『三國史記 9, 惠恭王 16년)
> b. 次妃는 이찬 金璋의 딸이다.(上同)

이 기록은 혜공왕이 언제 혼인하였는가는 알 수 없지만, 그에게는 두 명의 왕비가 있음을 알려준다. 즉 유성의 딸인 신보왕후와 김장의 딸인 왕비가 있었다. 이들은 '妃'라고 한 점으로 미루어 모두 왕비였다고 생각된다. 그런데 우리의 관심을 끄는 것은 한 왕대에 두 명의 왕비가 존재하는 경우 대체로 '先妃', '後妃' 라고 하는데 신보왕후의 경우는 선비라고 하지 않고 '원비' 라고 하였다는 점이다. 왜 선비, 후비의 표현을 쓰지 않고 원비, 차비라는 용어를 사용하였을까 궁금하다. 어쩌면 원비, 차비는 순서의 의미인 선비, 차비의 뜻이 아니었을 것으로 보인다. 이를테면 고구려 大武神王代 호동왕자의 母인 葛思王 손녀 次妃와 元妃가 相爭하는데, 그때 원비 소생의 왕자의 나이가 차비 소생인 호동왕자보다 어린 것으로 나타나 있다.[57] 이를 보면 원비는 오히려 순서상으로는 선비가 아닌 후비가 되지 않는가한다. 즉 원비는 선비가 아니라 선비인 호동의 母를 제치고 들어온 후비를 일컫는 것을 알겠다. 신보왕후의 경우도 선비가 아니기 때문에 원비라는 표현이 들어간 것은 아닐까 한다.[58] 곧 김장의 딸이 선비이고 神寶王后는

---

57) 『삼국사기』14, 高句麗 大武神王.

후비라는 것이다. 이때 신보왕후의 父는 維誠이다. 유성은 경덕왕 때 侍中을 역임한 惟正과 동일 인물로 추측된다.[59] 곧 후비는 유정의 딸인 셈이다.

그런데 앞서 언급되었듯이 김주원은 유정의 아들이었다고 한다. 그렇다면 김주원과 신보왕후는 남매간이 된다. 이것은 중요한 의미가 있다고 본다. 말하자면 김양상과 결합하면서 세력을 키운 김주원이 이제 그의 누이를 王妃를 삼았다는 것으로, 그만큼 그들의 세력기반이 확고해지고 있었음을 뜻한다고 본다.

　　a. 이찬 金志貞이 반란을 일으켜 무리를 모아 궁궐을 포위하여 침범
　　하였다.(『三國史記』9, 惠恭王 16년)
　　b. 4월에 상대등 김양상과 이찬 敬信이 거병하여 志貞들을 주살하였
　　으나 王과 后妃는 난병에게 피살되었다.(상동)

이찬 金志貞이 반란을 일으켜 궁궐을 포위 공격하자(a) 김양상과 敬信이 그들을 물리쳤으나 혜공왕은 반란군에게 피살되었다는 것이다.(b)[60] 여기서 김지정이 왜 난을 일으켰는가 하는 것이다. 그가 난을 일으킨 명분은

　　(惠恭)王이 어려서 즉위하였고, 장년에 이르러서는 女色을 밝히고 사
　　냥을 한없이 하여 기강이 무너지고 災異가 빈번하였다. (이에) 인심이

58) 김수태는 그러나 元妃, 次妃를 先妃, 後妃와 동일한 개념으로 생각하였다. 앞의 논문, pp.162-163.
59) 李基白, 앞의 논문「新羅 執事部의 성립」, p.168.
60) 한편『삼국유사』에는 김양상이 혜공왕을 죽인 것으로 되어 있다. 이를 따라 이기백은 김양상이 혜공왕을 죽인 반전제적 인물로 살폈다. 앞의 논문, p.237의 주170. 그러나 이것은 당시 정황을 통해 볼 때『삼국사기』의 기록이 옳다고 본다. 이에 대한 자세한 분석은 李泳鎬, 앞의 논문「惠恭王代 政變의 새로운 해석」참고

돌아서고 社稷이 무너졌다. (『三國史記』9, 惠恭王 16년 2月)

에 드러나 있다. 이것은 그대로 믿을 수 없지만 혜공왕대의 정국을 매우 부정적으로 인식하고 있음은 분명하다. 말하자면 그는 혜공왕의 정치에 불만을 품은 인물이 아닌가 한다. 지정에 대해서는 다른 기록이 없어 잘 알 수 없다. 그러나 다음을 보자.

> 앞서 혜공왕 말년에 역신이 발호할 때에 前王 宣德이 上大等의 직에 있어 '君側의 惡'을 숙청하기를 선창하니 경신이 참여하여 평란의 공이 있었다. 선덕이 즉위할 때에 이르러 그는 곧 상대등이 되었다.(『三國史記』10, 元聖王 즉위년)

이는 지정의 난이 일어난 지 2개월 후에 김양상이 김경신의 도움을 얻어 난을 진압했다는 것이다. 여기서 주목되는 것은 '君側의 惡' 이라는 부분이다. 아마 '군측의 惡' 으로 표현된 것은 지정으로 상징된 세력이 아닐까 싶다. 이 때 이제까지는 '군측의 惡' 부분의 해석을 김양상과 혜공왕을 대립시켜 김양상측의 입장에서 지정을 혜공왕측의 惡이 되는 인물로 인식하였다. 곧 왕당파로 보았던 것이다.[61] 그러나 '君側의 惡' 이라는 뜻은 그것이 아니라 측근에 있으면서 왕권행사에 저해된 인물이라는 뜻으로 해석해야 할 듯싶다.[62] 곧 반혜공적인 인물이라는 것이다. 따라서 김지정은 혜공왕의 정치적 입장과는 반대되는 인물이라고 하겠다.

---

61) 이기백, 윗 논문, p. 237.
62) 고려시대에 왕과 권문세가의 권위에 의지하여 위세를 부리던 무리를 '惡少'라 하였는데,(金昌洙, 「麗代 惡少考」 『史學研究』12, 1961, p.118.) 志貞에게 '惡'이라는 표현을 쓴 것으로 보아 비슷하게 느껴진다.

그러면 반혜공적인 성격을 가진 지정은 누구일까. 혜공왕 후반부의 정국 주도권은 김양상측에게 있었다. 따라서 혜공왕의 정국 운영에 불만을 가졌다면 바로 김양상에 반대된 세력으로 보여진다. 반대 세력이 2개월이나 계속될 정도의 대규모의 모반을 꾀하였다면 그것은 대단한 것이었다고 본다. 이는 김양상이 비록 정국을 주도하였지만 그것에 반대하는 귀족 세력 또한 상당하였다는 뜻이다. 이들간에 충돌이 있었다는 것은 외척 세력 붕괴 이후의 정국에 힘의 공백이 생기자 주도권을 둘러싸고 정치 세력간의 갈등이 첨예화되었음을 말해준다. 이때 김지정 등이 모반을 일으켰던 것이다. 그런데 혜공왕은 이들 세력의 충돌 과정에서 피살되고 말았다. 그리고 김양상 등은 반대세력을 진압하면서 마침내 왕위를 계승하였다.

그러나 그의 왕위 계승은 정당한 계승자 상태에서 이루어진 것은 아니었다. 그것은 그가 왕위를 군신들이 추대하자 세 번 사양했다는 데서 짐작된다. 따라서 그가 왕위를 계승할 수 있었던 것은 그의 의지가 아니라 김양상, 김주원 등의 힘에 의해서 가능한 것이었다고 본다. 이러한 김양상의 집권은 中代 무열계의 王權이 무너졌음을 의미한다.

김양상의 집권은 단순히 무열계에서 내물계로의 왕통의 변화를 넘어서 여러 면에서 주목된다. 이를테면 그는 비록 무열계가 아닌 내물계로서 왕이 되었지만 中代 王權 성립 당시처럼 강력한 왕권을 행사할 수는 없었다. 예컨대 선덕왕(김양상)은 그를 추대한 김경신, 김주원 등에 의지하여 정국을 운영할 수밖에 없었다. 특히 선덕왕이 즉위한 지 얼마 지나지 않아 양위 문제를 거론한 것도 당시 왕권의 한계를 보여준다.[63] 한편 선덕왕 사후 김주원과의 경쟁에서 승리한 김경신도 반대 세력들을 포용하며 정국을 이끌

---

63) 『삼국사기』9, 宣德王 5년

어 가고 있었다. 이러한 상황은 왕위를 둘러싼 정치 세력 사이의 각축의 시작을 알리는 것이라 여겨진다. 이는 中代에 왕비족을 둘러싸고 갈등이 빚어진 것에 비하면 커다란 변화인 셈이다. 이러한 것은 왕권의 약화를 초래함은 물론 나아가 중앙 집권적 정치 체제가 무너져 중앙정치에서 배제된 지방 세력, 이를테면 호족 세력이 점차 대두하는 양상을 초래하였다. 이제 권력이 중앙 귀족에서 지방 세력에까지 분점되는 사회를 지향하게 되는데, 中代는 바로 권력이 국왕에게 집중되는 면과 귀족에게 분산되는 면이 공존한 시기였다고 하겠다.

이제까지 혜공왕대의 정국을 外戚을 포함한 귀족 세력간의 각축을 중심으로 살펴 보았다. 그것을 요약하면 다음과 같다.

어린 나이에 왕위에 오른 혜공王은 왕태후의 섭정을 받았는데, 이는 그만큼 외척 세력이 강한 결과였다. 왕태후인 滿月夫人의 祖父 金順貞은 성덕·효성왕대의 外戚인 金順元과 연결되었을 뿐 아니라 경덕왕대에는 외척으로서 정치력을 신장시키고 있었다. 이러한 상태에서 혜공왕대 太后의 섭정은 그녀와 남매간인 金邕이 많은 관직을 겸직할 정도로 外戚 세력의 성장을 가져왔는데, 이는 성덕왕대부터 나타났던 外戚의 정국 주도가 절정에 이르렀음을 의미한다. 말하자면 소수 귀족에게 권력이 독점되었다는 것이다.

혜공왕대에 이르러 소수 귀족 세력에게로 권력 집중이 심화되면서 그동안 권력에서 소외된 귀족 세력의 반발이 강하게 나타났다. 혜공王 6년의 大恭과 96角干의 亂은 중앙 귀족은 물론 지방세력까지 가담한 난이었다. 外戚 세력들은 聖德大王 神鐘의 주종, 임해전에서의 연회, 관리 추천제 등을 통해 반발을 수습하려 하였으나 김유신 후손의 모반으로 상징되는 귀족 세력의 반발과 지방 세력의 이탈은 계속되었다. 이러한 상황속에서 外戚 세력들은 김양상 세력과 타협을 하여 정국을 이끌어갔다.

　김양상은 외척 중심의 정국에서 소외된 金敬信, 金周元 그리고 金庾信의 후계인 金巖 등과 연계하여 권력을 키워 갔다. 그런데 경덕왕의 지지 기반이기도 하였던 金良相은 왕권의 안정을 통해 정국을 운영하려 하였다. 따라서 혜공왕은 金良相을 上大等으로 삼아 外戚 중심의 정국을 타개하려 하였다. 아직 外척 세력이 온존하였지만 권력은 김양상에게로 옮겨졌다. 이 과정에서 외척과 연계되어 있던 세력 및 귀족 세력 내부의 저항이 있기도 하였다. 이를 극복한 김양상은 관호 복구와 對唐, 對日外交를 통하여 정국의 안정을 꾀하였으며, 더욱 혜공왕비의 교체를 통해 그들의 세력을 강화하였다. 이러한 일련의 작업은 혜공왕의 의지라기보다는 김양상측에 의해서 이루어진 것이라고 보겠다. 그러나 지정의 난으로 상징되는 김양상의 정국 주도에 대한 반란으로 혜공왕은 피살되었다. 이러한 과정을 극복하며 김양상은 下代의 첫 왕으로 등장하였다.

결론

신라 中代 사회는 上代와 下代의 중간자적인 성격을 가진 시대였다고 할 수 있다. 정치적인 측면에서 상대는 중대로의 지향이 중앙 집권화 내지 왕권 강화였다면 하대는 국왕 중심의 권력이 무너져 중앙 귀족들간의 왕위 쟁탈전을 거쳐 마침내 지방 호족 세력이 대두하는 상황의 전개였다. 따라서 중대는 왕권을 강화하려는 모습과 동시에 그것이 해체되어가는 양상이 나타난 때였다고 할 수 있다. 다시 말해 상대에서 중대로의 지향은 전통적 族的 기반을 강조한 귀족적 성격 곧 상대적 성격을 해체하고 국왕에게 권력이 집중되는 중대적 질서를 수립하는 것이었다. 이 작업은 이미 中古 시대 곧 法興·眞興王代부터 시작되었지만 특히 진덕왕대 舍輪系의 金春秋와 伽倻系 김유신에 의해 적극 추진되었다. 이들은 당과의 관계를 적극 활용하였을 뿐 아니라 백제, 고구려와의 전쟁을 통해 긴장 국면을 조성하여 반대 귀족 세력을 제거하며 그들이 의도하는 국가 체제와 왕권 강화의 제도적인 기틀을 마련하였다. 이러한 노력으로 국왕에게 권력이 집중되는 중대 왕권이 성립될 수 있었다. 그 특성을 살펴보면 다음과 같다.

먼저 제도적인 측면에서 전제 정치의 기틀이 마련되었다. 그것은 진덕왕 5년의 개혁 정치부터였다고 하겠다. 稟主를 개편하여 執事部를 설치하였는데 왕정의 기밀사무를 담당하였다. 동시에 같은 시기에 만들어진 創部와 조금 뒤에 만들어진 調府는 조세의 징수와 분배권을 관장함으로써 귀족 세력을 실질적으로 지배할 수 있었다. 거기다 형률 사무를 맡은 理方府까지 설치되어 왕권은 신장되어갔다. 여기에 문무왕 들어 서훈 및 녹봉을 담당한 左·右司錄館이 설치되었고 신문왕대 감찰 기구인 司正府까지 설치되면서 제도적으로 왕권 전제화를 수행할 수 있는 기틀이 마련되었다. 이러한 관제 정비 작업은 경덕왕대 실무 관직에 대한 정비로 완성되었다고 여겨진다.

이때 추진된 개혁의 방향은 귀족 세력을 제거하여 왕권을 강화하는 것이었다. 中古말에 전개된 銅輪系, 舍輪系의 갈등은 김유신계의 도움을 얻은 사륜계의 김춘추가 마침내 왕위를 차지한 것으로 매듭지어졌지만 동륜계 및 전통적 귀족 세력이 완전히 제거된 것은 아니었다. 따라서 반대 세력에 대한 제거 작업은 中古말부터 중대초에 이르기까지 꾸준히 전개되었다. 한편 이에 반발한 귀족 세력의 동향은 선덕왕 16년의 비담, 염종의 난으로 나타났는데 이 난을 진압한 김춘추, 김유신 세력은 진덕왕 즉위 후에 관련 귀족을 처형하는 대대적인 탄압을 취하며 위의 執事部 설치를 이끌어내었다. 귀족 세력에 대한 제거 작업은 특히 高句麗戰을 이용하여 추진되었다. 文武王은 眞珠와 眞欽 등이 국사를 소홀히 하였다 하여 처형하는 등 패전의 책임을 물어 귀족 세력을 제거해갔다. 이는 신문왕 즉위년에 있었던 金欽突의 제거에서 절정을 이루었다.

다음으로 中代 王權은 중국 제도를 도입하여 체제를 정비하려는 한화정책을 표방하고 있다. 진골귀족들은 전통적인 화랑도 정신이나 불교적 세계관에 젖어 있었다. 이것을 中代 왕권은 한화정책을 통해 억압했는데 이른바 중국의 보편적인 제도와 문화를 도입하고자 하였다. 한화정책은 진덕왕 때 개혁을 주도한 김춘추에 의해 추구되었다. 김춘추가 진덕왕 2년 당의 국학에 나아가 석존 및 강론을 시청하기를 청한 일, 그리고 장복을 고치어 中華의 제도를 따르겠다고 한 일, 중국의 의관을 착용하고 나아가 진덕왕이 太平頌을 지어 바친 일 등은 당의 문물과 그 문화적 바탕을 도입하려는 것이었다. 이러한 당제도의 도입은 理方府, 司正府, 司祿館 등의 설치에서도 확인된다.

이러한 漢化政策은 유교적 합리주의를 추구하는 방향으로 진행되어 왕의 專制主義에 이용되었다. 中代 국왕에게 시호가 올려지는 것은 유교적 정치 이념의 모색과 관계된다고 하겠다. 신문왕 2년의 國學 설치와 필수 교과목으로 논어와 효경이 선정된 것도 유교 이념의 확산 및 유교적 소양을 갖춘 인물을 양성하여 왕권의 지지기반으로 삼으려 한 것이었다. 이때는 中古말의 왕권 전제화에 기여한 불교가 비판받고 있었다.

한편 義湘의 融合 사상과 성기론적 華嚴觀은, 삼국 통일을 주도해가던 왕실이 그것의 달성을 위해 내부적인 단합과 결속을 다지고 있을 때의 전제왕권에는 유효한 것이었다. 즉, 의상의 사상은 중대 초기 전제 왕권이 성립하는 과정에서는 전제주의에 부응되었다. 그러나 전제 개혁 정치가 진행되면서 진골 귀족 세력에 대한 과감한 숙청이 이루어졌다. 물론 이것은 의상이 바라는 전제왕권과는 거리가 있었다. 이에 의상은, 비록 중대 왕권에 정면으로 도전한 것은 아니지만 은둔한 상태로 만년을 보낸다.

이때 귀족 세력들은 강인한 자기 세력 기반을 가지고 있었다. 그들은 中古말까지 和白會議를 통해 왕권을 능가할 힘을 가지고 있었다. 그들은 지방에 대규모의 私營을 가졌으며, 奴僕이 3,000명이나 될 정도로 대규모의 세력을 형성하고 있었다. 귀족들은 국가로부터 녹읍, 식읍 등을 부여받아 막대한 토지를 갖고 있었을 뿐 아니라 사병을 보유하고 있었다. 이러한 인적 물적 토대를 갖추고 있었기 때문에 비록 中古말부터 中代초에 이르기까지 귀족의 세력 기반을 해체하려는 노력이 있었지만 그들을 완전히 거세시킬 수는 없었다.

한편 통일 전쟁이 마무리되면서 신라는 사회 경제적으로 종전과는 다른 모습을 띠게 되었다. 이를테면 경제면에서 量田의 실시, 정전의 지급, 煙受有田畓制를 통한 민의 토지에 대한 보편적 사유권의 인정, 孔烟을 단위로 한 9등호제의 편성, 計烟에 의한 전국적인 경제력의 파악이 이루어져 농민들에 대한 수취의 부담이 덜어졌다. 또한 농업 생산력의 증가로 대외적인 전쟁의 수단을 동원하지 않고도 지배 세력들이 그들의 경제적 욕구를 충족시킬 수 있었다. 결국 통일 전쟁 후 장기간 대외 전쟁이라는 비상한 수단이 없어짐으로써 中古 말부터 상당히 지속되었던 긴장 요인이 사라지게 되었다. 즉 전쟁을 통해 반대 세력을 제어할 수단이 사라진 셈이다.

그런데 중대 왕권은 사륜계와 김유신계의 결합으로 권력을 유지하였지만 지배 세력간에 정국의 주도권을 둘러싼 각축은 본격화되고 있었다. 그것은 중대 왕권 성립 과정에서 소외된 동륜계 및 전통적 귀족 세력들의 반발로 나타났다. 특히 왕비족을 차지하려는 움직임도 두드러진 현상이었는데 이때 외척의 존재가 상정되기도 하였다. 외척의 대두는 지배 세력 내부의 불만을 촉발시켰다. 이러한 정국 전개 과정에서 강력한 왕권 행사가 신문왕 이후에는 두드러지지 않았는데 이는 그만큼 이미 중대 왕권이 갖는 한계가 드러났기 때문이었다. 그것은 바로 귀족 세력의 전통적 기반을 완전히 해체시키지 못한 상태에서 전쟁이라는 긴장을 일으키는 수단이 사라졌기 때문이었다.

어쨌든 신문왕대에 절정을 이룬 중대 전제 왕권은 곧 바로 귀족 세력과의 갈등을 통해 위축되어 갔고, 그리하여 경덕왕은 이러한 무너져가는 중대 왕권을 바로잡으려고 안간힘을 다하였으나 혜공왕대 결국 국왕 중심의 권력을 지향하는 중대 질서는 와해되었다. 그리고 이제 국왕 중심의 권력 체제 대신 귀족들이 권력을 분점하여 정국을 운영하는 하대가 열리게 되고, 그것은 바로 지방 호족 세력의 대두로 이어지게 된다. 다음에서는 이러한 중대 정치사의 구체적인 전개 양상을 정치 세력의 동향을 중심으로 살펴보겠다.

사륜계인 김춘추는 김유신의 군사적 힘을 바탕으로 선덕·진덕왕대에 왕권 강화 작업을 통해서 정치적 입지를 강화해 나갔다. 그리고 진덕왕이 죽자 김춘추는 동륜계 및 다른 전통적 귀족 세력의 반발을 극복하면서 왕위를 계승하고, 이어서 그는 대당외교를 강화하고 김유신과 측근 왕자들을 중용하여 세력을 강화하여 나갔다. 또한 율령체제를 공고히 하는 작업과 병행하여 새로운 질서 확립에 장애가 되는 귀족 세력들을 전쟁을 이용하여 제거하는 등 왕권의 기틀을 마련하고자 하였다. 이러한 노력은 문무왕대에도 계속되었다.

한편 중대 왕권 성립 과정에서 배제된 귀족 세력들은 문무왕대에 모반을 꾀하는 등 적극적인 반발을 하였다. 이들은 김흠돌을 중심으로 세력을 결집시켜 갔는데, 중대 왕실은 귀족 세력을 회유하기 위해 김흠돌의 딸을 태자비로 맞아들였다. 그런데 오히려 이를 계기로 김흠돌의 세력이 신장되어 마침내 그의 세력인 군관이 상대등에 나아가기도 하였다. 이에 왕권과 연결되어 막강한 힘을 가진 김유신 세력은 그들의 반대 세력들에게, 고구려 戰役에서 소극적이었음과 패전의 책임을 지워 제거하였다. 하지만 김유신이 노쇠하면서 점차 김흠돌 세력과 정국의 주도권을 놓고 각축하는 상황에 이르게 되었다. 이들의 각축은 문무왕권을 위협하는 것이어서 문무왕은 나름대로 정국을 안정시키려고 노력했다. 문무왕은 그러는 가운데서 이후의 정국 전개 양상을 심히 우려하였다.

이러한 상황에서 왕이 된 신문왕은 김흠돌 세력을 김유신 세력과 일부 왕족의 도움을 얻어 제거함으로써 왕권의 안정을 꾀하고자 하였다. 그는 또한 侍衛府와 位和府 그리고 국학의 설치를 통해 관제를 정비하고 아울러 憬興 등 비신라세력을 새로운 지배세력으로 끌어 들여 기존의 지배 세력을 견제하고자 하였다. 이어 官僚田을 지급하여 관료들의 지지를 끌어들임과 동시에 녹읍을 혁파하여 고위 귀족 세력의 경제 기반의 약화를 꾀하였으며, 관념적으로는 萬波息笛을 이용하여 왕권의 권위를 강화하려고 하였다. 특히 당과의 관계 개선을 통해 국내 정국을 안정시키려고 하였다.

그러나 이러한 일련의 왕권을 강화 노력은 철저하지 못하여 귀족 세력의 반대에 부딪쳤다. 그것은 신문왕의 달구벌 천도계획의 좌절, 鄭恭 세력의 존재, 태자 책봉 과정에서의 갈등 등에서 알 수 있다. 신문왕은 흠돌의 딸을 출궁시킨 후 세력 기반이 미약한 가문의 딸을 왕비로 맞이하여 7년에 원자가 태어나자 五廟에의 제사 및 萬波息笛 설화를 통해 4세의 어린 원자인 理洪의 嫡統性과 권위를 강조하면서 태자를 책봉한 바 있었다. 그러나 어린 태자를 책봉하는 과정에서 원자보다 나이가 많은 이복형을 추대하는 세력과 대립하였다. 이는 후에 효소왕이 정국을 운영하는데 커다란 부담으로 작용하였다. 이러한 부담은 효소왕과 밀접한 관계에 있던 만파식적의 분실, 효소왕이 임명한 국선 夫禮郞의 실종 사실 등에서 확인할 수 있다. 이에 효소왕은 김유신 세력, 왕족인 金愷元, 그리고 沙梁部 세력의 지지를 바탕으로 반대 세력인 鄭恭 세력의 명예 회복과 관료 세력의 회유, 중단된 대당 외교 관계를 회복하여 적극적인 친당외교를 전개하는 등 일련의 개혁 정책을 통해 위기를 극복하려 하였다. 그러나 효소왕은 나이가 어린 데다 그를 뒷받침하는 외척 세력이 미약하여 왕권 강화 노력은 실패하고 말았다.

이때 반대 세력이 강력하게 존재했음을 사량부 출신 국선의 실종, 박씨 귀족으로 상징되는 모량부 세력의 동향을 통해서 확인할 수 있다. 이들은 그동안 신문왕의 왕권 강화에서 소외된 세력들로, 경영, 순원 등이 포함되어 있다. 이들의 반발은 두 정치 세력의 충돌을 가져와 효소왕대의 정국을 급박하게 만들었는데, 이를 수습하기 위해 반대 세력인 순원을 중시로 임명하여 회유하기도 하였다. 그러나 정국은 효소왕 주축의 의지대로 전개되지 않은 가운데 경영의 모반 사건이 일어났다. 이는 반대 세력의 반발이 더욱 표면화 되었음을 뜻한다. 이 반란에 연좌된 것으로 알려진 중시 순원이 단순히 파면에 그친 것은 그들 세력이 성장한 때문이었다. 이러한 것은 신목왕후의 죽음으로 이어졌고 나아가 효소왕은 정국 주도권을 상실하고 이복형을 추대한 김순원, 김원태 등의 귀족 세력에게 왕위를 내주었다. 이제 왕권은 귀족 세력의 영향을 받게 되었다고 여겨진다.

효소왕권을 무너뜨린 귀족 세력에 의해 태자 책봉 과정 없이 옹립된 성덕왕은 당시 혼란스런 정국을 안정시키기 위해 즉위하자마자 관작의 승급 및 조세 감면 정책을 추진하여 관료 세력의 포용과 민심 수습에 힘을 기울였다. 또한 사륜계 원찰인 황복사에 사리 탑을 만들어 奉安하여 신문왕, 효소왕의 복을 빎으로써 왕위 계승상의 문제를 극복하려 하였으며, 동시에 대당외교를 적극 펼치어 왕권을 안정시키었다. 아울러 성덕왕은 그를 추대한 김원태의 딸을 왕비로 맞아 들이고, 김순원에게는 황복사의 조탑 책임을 맡기는 등 귀족 세력들을 교묘히 각축시키면서 왕권을 안정시키어 갔다.

그러나 엄정왕후가 출궁되고 김순원의 딸인 소덕왕후가 왕비로 책봉되는 데서 알 수 있듯이 김원태 세력이 물러나고 김순원 세력이 정국을 주도하게 되었다. 이때 엄정왕후 소생인 태자 중경이 사망하자 성덕왕은 엄정왕후 소생인 승경을 태자로 삼았다. 성덕왕은 김순원 세력을 견제하기 위하여 중대 정국에서 비교적 소외되어 있던 박씨족, 효소왕 말에 성덕왕 전반부의 정국에서 배제되었던 김유신 가문, 그리고 하급 귀족 등과 결합하였는데 신충도 이에 가담하였다. 이러한 기반 위에서 효성왕이 왕위를 계승할 수 있었다.

효성왕은 즉위 후, 대외적으로는 박씨 왕비의 책봉을 당으로부터 받는 등 적극적인 대당외교를 펼치었고, 대내적으로는 박씨족 및 하급 귀족의 지지를 바탕으로 그와 반대 입장에 있던 김순원 측까지 회유하여 정국을 안정시키려 하였다. 반면, 신충으로 대표되는 공신 세력을 배제시켜 왕권의 제약 요소를 제거하고자 하였다. 하지만 신충이 효성왕측에서 이탈하여 김순원 등과 연결됨으로써 세력 균형이 무너져 정국의 주도권이 김순원 쪽으로 기울게 되었다. 김순원측은 이를 바탕으로 왕비인 박씨족과 충돌하기에 이르렀다. 이 세력 다툼에서 김순원 세력이 승리하여 박씨 왕비가 출궁되고 김순원의 딸이 왕비로 책봉되었다. 나아가 김순원 세력은 그의 외손자인 헌영 곧 효성왕의 이복 아우를 태자로 책립하는 등 보다 적극적으로 왕위 계승 문제에까지 개입하였다. 이제 정국은 김순원 세력으로 대표되는 외척에 의해 운영되고 그만큼 왕권은 위축되었다고 하겠다.

경덕왕은 형인 효성왕의 뒤를 이어 왕위에 올랐다. 그의 왕위 계승은 어디까지나 외조부인 김순원과 처족인 김순정 가문의 적극적인 지지 때문에 가능하였다. 따라서 경덕왕은 그가 왕위에 오르는데 결정적 도움을 준 김순원, 김순정 등 외척의 영향을 받을 수밖에 없었다. 이에 경덕왕 초기의 정국은 외척 중심의 운영으로 국가의 공적 질서가 이완되는 등 왕권이 위축된 상황이었다.

경덕왕은 이러한 외척 중심의 정국 운영을 타개하기 위해 여러 가지 노력을 기울였다. 즉, 태후의 거처를 왕궁에서 멀리 떨어진 곳으로 옮기어 외척 세력의 견제에서 벗어나려 하였으며, 사정 기구의 정비를 통해 관리 감찰 기능을 강화하였다. 녹읍을 부활시켜 국가 재정의 위기를 극복하려 하였으며 동시에 성덕왕의 권위를 빌어 왕권의 권위를 드러내보이고자 노력하였다. 이러한 개혁 작업은 김사인, 김신충, 김양상 등 외척 출신이 아닌 왕족 출신 또는 경덕왕과 가까운 인물들의 지지를 받아 추진되었다.

그러나 경덕왕의 이러한 개혁 작업은 김옹으로 대표되는 외척들의 반발로 뜻을 이루지 못한 채 실패하여, 경덕왕은 심한 좌절을 느끼게 되었다. 이제 중대 왕권은 점차 위기 상황에 처하게 되었다. 이러한 상황은 혜공왕대에까지 계속되어 갔다. 어린 나이에 왕이 된 혜공왕은 왕태후의 섭정을 받았는데, 왕태후의 섭정은 그만큼 외척 세력이 강한 결과였다. 특히 태후의 섭정은 그녀와 남매간인 金邕이 많은 관직을 겸직할 정도로 외척 세력의 성장을 가져왔는데, 이는 성덕왕대부터 나타났던 외척의 정국 주도가 절정에 이르렀다는 것을 의미한다. 말하자면 소수 외척에 의해 권력이 독점되었다는 것이다.

혜공왕대에 이르러 소수 외척에게로 권력이 집중되면서 그 동안 외척 등 소수 귀족 중심 정국에서 소외된 다른 귀족 세력의 반발이 강하게 나타났다. 혜공왕 6년의 大恭과 96角干의 난은 중앙 귀족은 물론 지방 세력까지 가담한 난이었다. 왕권을 장악한 외척 세력들은 성덕대왕 신종의 鑄鐘, 임해전에서의 연회, 관리 추천제 등을 통해 반발을 수습하려 하였으나, 김유신 후손의 모반으로 상징되는 귀족 세력의 반발과 지방 세력의 이탈이 계속되었다. 이에 외척 세력들은 김양상 세력 등과 타협하여 정국을 이끌어갔다.

김양상은 외척 중심의 정국에서 소외된 김경신, 김주원 그리고 김유신의 후손인 김암 등과 연계하여 권력을 키워갔다. 그런데 경덕왕의 지지기반이기도 하였던 김양상은 왕권의 안정을 통해 정국을 운영하려 하였다. 따라서 혜공왕은 김양상을 상대등으로 삼아 외척 중심의 정국을 타개하려 하였다. 아직 외척 세력이 온존하였지만 권력은 김양상에게로 옮겨졌다. 이 과정에서 외척과 연계되어 있던 세력 및 귀족 세력 내부의 저항이 있기도 하였다. 이를 극복한 김양상은 관호 복구와 대당, 대일외교를 통하여 정국의 안정을 꾀하였으며, 나아가 혜공왕비의 교체를 통해 그들의 세력을 강화하였다. 이러한 일련의 작업은 혜공왕의 의지라기보다는 김양상측에 의해서 이루어진 것이라고 보겠다. 그러다 지정의 난으로 상징되는 김양상의 정국 주도에 대한 반발 과정에서 혜공왕은 피살되었다. 이러한 과정을 극복하며 김양상은 하대의 첫 왕으로 등장하였다.

따라서 혜공왕은 전혀 독자적으로 정국을 주도해 보지 못한 채 무너졌다. 결국 국왕 중심의 정치 체제를 지향한 중대 왕도의 의도는 귀족 세력의 반발과 외척의 대두로 세력의 균형이 무너지면서 소수 귀족에게 권력이 집중되는 상황이 나타났다. 하지만 혜공왕대에 그동안 소외된 귀족세력의 반발로 소수 귀족 중심의 정국에 변환이 일어나 國王 중심의 정치를 지향한 中代 질서는 와해되었다.

표. 신라 중대의 왕실 계보도

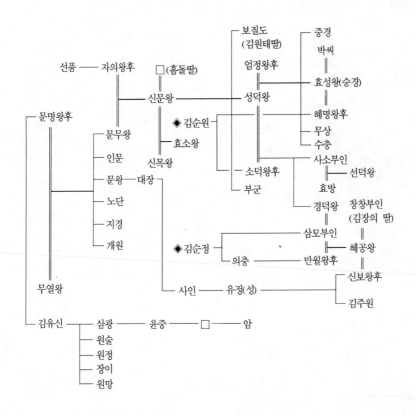

가. 史料

『三國史記』,『三國遺事』,『日本書記』,『續日本紀』,『新唐書』,『舊唐書』,
『韓國金石全文』,『譯註 韓國古代金石文』,『韓國金石遺文』,『冊府元龜』,
『唐會要』,『宋高僧傳』,『世宗實錄地理誌』

나. 單行本

金基興,『삼국 및 통일신라 세제 연구』, 역사비평사, 1991.

金杜珍,『義湘-그의 生涯와 華嚴思想』, 민음사, 1995.

金福順,『新羅 華嚴宗 研究』, 民族社, 1994.

金英美,『新羅 佛敎 思想史 硏究』, 民族社, 1994.

金哲埈,『韓國 古代社會 硏究』, 知識産業社, 1974.

末松保和,『新羅史の諸問題』, 1954.

佛敎史學會 編,『新羅 彌陀 淨土思想 硏究』, 民族社, 1988.

三品彰英, 李元浩 譯,『新羅 花郎의 硏究』, 集文堂, 1995.

申瀅植,『三國史記 硏究』, 一潮閣, 1981.

_____,『新羅史』, 梨花女大 출판부, 1985.

_____,『統一新羅史硏究』, 三知院, 1990.

_____,『韓國古代史의 新硏究』, 一潮閣, 1984.

李基東,『新羅 骨品制 社會와 花郎徒』, 一潮閣, 1984.

李基白,『新羅政治社會史研究』, 一潮閣, 1974.

_____,『韓國史 講座』(古代篇), 一潮閣, 1982.

_____ 外 共著,『韓國史上의 政治形態』, 一潮閣, 1993.

李丙燾,『國譯 三國史記』, 乙酉文化社, 1977.

李仁哲,『新羅政治制度史 研究』, 一志社, 1993.

井上秀雄,『新羅史基礎研究』, 1974.

崔南善,『新訂 三國遺事』, 民衆書館, 1946.

다. 論文

鈴木靖民,「金順貞·金邕論」,『古代 對外關係史の研究』, 1985.

今西龍,「聖德大王神鐘之銘」,『新羅史の研究』, 1933.

金杜珍,「新羅 下代의 五臺山 信仰과 華嚴結社」『伽山 李智冠 스님 華甲 紀念論叢韓國佛敎文化思想史』, 1992.

金相鉉,「萬波息笛 說話의 형성과 의의」『韓國史研究』34, 1981.

金壽泰,「新羅 聖德王·孝成王代 金順元의 政治的 활동」『東亞研究』3, 1983.

_____,「新羅 中代 專制王權과 眞骨 貴族」, 서강대 박사학위 논문, 1990.

金英美,「聖德王代 專制王權에 대한 一 考察」『梨大史苑』22·23合, 1988.

_____,「統一新羅時代 阿彌陀 信仰의 歷史的 성격」『新羅 彌陀淨土思想 研究』, 1988.

金在庚,「新羅 阿彌陀 信仰의 성립과 그 배경」『韓國學報』29, 1982.

金貞淑,「金周元 世係의 성립과 그 변천」『白山學報』28, 1983.

金昌洙,「麗代惡少考」『史學研究』12, 1961.

金鉉球,「日唐 관계의 성립과 羅日 同盟」『金俊燁敎授華甲紀念中國學 論 叢』, 1983.

盧泰敦,「淵蓋蘇文과 金春秋」『韓國史市民講座』5, 1989.

末松保和,「新羅の郡縣制, 特に 完成期二三の問題」『學習院大學文學部研究報告』21, 1974.

木村誠,「新羅 宰相制度」『東京道立大 人文學部』118, 1977.

文明大,「新羅 法相宗의 成立 問題와 그 美術」『歷史學報』62-63, 1974.

朴海鉉,「新羅 眞平王代 政治勢力의 推移」『全南史學』2, 1988.

_____,「新羅 孝成王代 政治 勢力의 推移」『歷史學研究』12, 1993.

_____,「中代 王權의 成立과 神文王의 王權 强化」『湖南文化研究』24, 1996.

_____,「孝昭王代 貴族 勢力과 王權」『歷史學研究』14, 1996.

_____,「新羅 景德王代 外戚 勢力」『韓國古代史研究』11, 1997.

浜田耕策,「新羅の聖德大王神鐘と中代の王室」『响沫集』3, 1980.

三池賢一,「金春秋小傳」『古代の朝鮮』, 1974.

宋基豪,「東아시아 국제 관계 속의 渤海와 新羅」,『韓國史市民講座』5, 1989.

辛鐘遠,「斷石山 神仙寺 造像銘記에 보이는 彌勒信仰集團에 對하여」『歷史學報』143, 1994.

_____,「五臺山 事蹟과 聖德王의 즉위 배경」,『崔永喜先生停年紀念 論叢, 1987 ;『新羅初期佛教史研究』, 고려대 박사학위 논문, 1988.

申瀅植,「新羅 中代專制王權의 全開過程」『統一新羅史研究』, 1990.

_____,「天災地變 記事의 개별적 검토」『三國史記 研究』, 1981.

_____,「統一新羅의 對唐關係」『韓國古代史의 新研究』, 1984.

尹容鎭,「大邱 沿革과 관련된 古代 記錄 小考」『東洋文化研究』3, 1975.

李基東,「新羅中代의 官僚制와 骨品制」『新羅 骨品制 社會와 花郎徒』, 1984.

_____,「新羅 下代의 王位 繼承과 政治 過程」,『新羅 骨品制 社會와 花郎徒』, 1984.

李基白, 「景德王과 斷俗寺·怨歌」『新羅政治社會史研究』, 1974.

_____, 「浮石寺와 太白山」『金元龍博士停年記念 論叢』, 1987.

_____, 「新羅 骨品制下의 儒教的 政治 理念」『新羅思想史研究』, 1986.

_____, 「新羅 上大等考」『新羅政治社會史 研究』, 1974.

_____, 「新羅 六頭品 研究」『新羅政治社會史 研究』, 1974.

_____, 「新羅 執事部의 成立」『新羅 政治社會史 研究』, 1974.

_____, 「新羅 惠恭王代의 政治的 變革」『新羅政治社會史研究』, 1974.

_____, 「統一 新羅와 渤海의 社會」『韓國史 講座』(古代篇), 1982.

_____, 「統一 新羅 時代의 專制政治」『韓國史上의 政治 形態』, 1993.

李文基, 「金石文 資料를 통해서 본 新羅의 六部」『歷史教育論集』 2, 1981.

_____, 「新羅 侍衛府의 成立과 그 性格」『歷史教育論集』 9, 1986.

李泳鎬, 「新羅 貴族會議와 上大等」『韓國古代史 研究』 6, 1993.

_____, 「新羅 惠恭王 12년 官號復故의 의미」『大丘史學』 39, 1990.

_____, 「新羅 惠恭王代 政變의 새로운 해석」『歷史教育論集』 13-14합, 1990.

李仁哲, 「新羅中代의 政治形態」『韓國學報』 77, 1994.

李晶淑, 「新羅 眞平王代의 政治的 性格」『韓國史研究』 52, 1986.

李鍾旭, 「三國遺事 竹旨郎條에 對한 一 考察」『韓國傳統文化研究』 2, 1986.

李種旭, 「新羅 花郎徒의 編成과 組織 變遷」『新羅文化財 學術發表會 論文集』 10, 1989.

李昊榮, 「聖德大王神鐘의 解釋에 관한 몇가지 문제」『考古美術』 125, 1975.

_____, 「新羅 中代 王室과 奉德寺」『史學志』 8, 1974.

李弘稙, 「慶州南山東麓三層石塔內發見品」『韓國古代文化論考』, 1954.

_____, 「三國遺事 竹旨郎條 雜攷」『韓國古代史의 研究』, 1971.

李喜寬, 「新羅의 祿邑」『韓國上古史學報』 3, 1990.

全德在, 「新羅 祿邑制의 性格과 그 變動에 관한 研究」『歷史研究』 1, 1992.

井上秀雄,「新羅 政治體制の變遷過程」『新羅史基礎研究』, 1974.

鄭容淑,「新羅善德王代의 政局動向과 毗曇의 亂」『李基白先生古稀紀念韓國史學論叢』, 1994.

趙二玉,「新羅 聖德王代 唐外交政策 硏究」『梨花史學硏究』19, 1990.

朱甫燉,「南北國 時代의 支配 體制와 政治」『한국사』3, 한길사, 1994.

_____,「毗曇의 亂과 善德王代 政治 運營」『李基白先生古稀記念韓國史學論叢』, 1994.

崔炳憲,「新羅 下代 禪宗九山派의 成立」『韓國史研究』7, 1972.

저자 박해현

1959년 전남 보성 출생
전남대학교 국사교육과 졸
전남대학교 대학원 문학박사
현재 전남대학교 역사교육과 강사

대표논저 : 「신라 경덕왕대의 외척세력」 외 다수

신라중대 정치사연구

인쇄일 초판 1쇄 2003년 03월 15일
      2쇄 2015년 02월 20일
발행일 초판 1쇄 2003년 03월 28일
      2쇄 2015년 02월 30일

지은이 박 해 현
발행인 정 찬 용
발행처 **국학자료원**
등록일 1987.12.21, 제17-270호

서울시 강동구 성내동 447-11 현영빌딩 2층
Tel : 442-4623~4 Fax : 6499-3082
www. kookhak.co.kr
E- mail : kookhak2001@hanmail.net
가 격 11,000원